히라가나 ひらがな
가타카나 カタカナ
쓰기노트

저자 파고다교육그룹 언어교육연구소

학습 영상 **무료** 제공

쿠키커플의 온몸으로 **기억**하는~

PAGODA Books

쿠키커플의 온몸으로 기억하는

히라가나
가타카나
쓰기노트

초판 1쇄 인쇄 2025년 3월 25일
초판 1쇄 발행 2025년 4월 1일

지 은 이 | 파고다교육그룹 언어교육연구소
펴 낸 이 | 박경실
펴 낸 곳 | **PAGODA Books** 파고다북스
출판등록 | 2005년 5월 27일 제 300-2005-90호
주　　소 | 06614 서울특별시 서초구 강남대로 419, 19층(서초동, 파고다타워)
전　　화 | (02) 6940-4070
팩　　스 | (02) 536-0660
홈페이지 | www.pagodabook.com

저작권자 | ⓒ 2025 파고다에스씨에스

ISBN 978-89-6281-941-0 (13730)

파고다북스　　　www.pagodabook.com
파고다 어학원　　www.pagoda21.com
파고다 인강　　　www.pagodastar.com
테스트 클리닉　　www.testclinic.com

❙ 낙장 및 파본은 구매처에서 교환해 드립니다.

히라가나 가타카나 쓰기노트

저자 **파고다교육그룹 언어교육연구소**

쿠키커플의 온몸으로 기억하는~

책의 구성 및 활용법

○ 영상으로 익히자

저자 쿠키커플의 촌철살인 히라가나/가타카나 글자 소개를 확인하세요. QR코드를 스캔하면 해당 영상으로 연결됩니다.

○ 원어민 음성으로 듣자

아래에는 각 행별 설명과 함께 원어민 발음을 들어볼 수 있도록 음원 QR도 수록했습니다.

○ 내 손으로 써 보자

글자별 주의점을 확인하고 바른 획순에 따라 한 글자씩 써 보세요. 각 획이 쓰기 칸의 십자선 어디에 위치하는지도 눈여겨보면 좋아요.

○ 단어도 써 보자

글자 쓰기를 충분히 연습한 후에는 실제 단어로 어떻게 쓰이는지 확인하며 실전 감각을 키워 보세요.

○ 한 행씩 묶어 써 보자

각 행별로 묶어서 써 보며 복습해 봅시다. 쓸 때는 소리 내어 읽으며 써 보세요.

○ 미니 퀴즈로 확인하자

흥미로운 퀴즈를 통해 지금까지 학습한 글자를 종합적으로 점검해 봅시다. 퀴즈의 정답은 QR코드를 스캔하여 확인해 보세요.

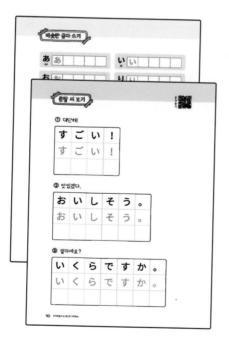

○ 다양하게 써 보자

비슷하게 생긴 글자 비교하며 써 보기, 발음이 같은 히라가나-가타카나 써 보기, 문장 써 보기 등 다양한 활동으로 마무리하며 히라가나/가타카나를 더 확실하게 익힐 수 있어요.

목차

히라가나

마스터하면 박스에 체크해요!
학습 진도 표시

◦ 홈페이지

www.pagodabook.com

◦ 유튜브

www.youtube.com/@pagodabooks9287

가타카나

ひらがな 오십음도

	あ단	い단	う단	え단	お단
あ행	あ	い	う	え	お
か행	か	き	く	け	こ
さ행	さ	し	す	せ	そ
た행	た	ち	つ	て	と
な행	な	に	ぬ	ね	の
は행	は	ひ	ふ	へ	ほ
ま행	ま	み	む	め	も
や행	や		ゆ		よ
ら행	ら	り	る	れ	ろ
わ행	わ				を
	ん				

	ア단	イ단	ウ단	エ단	オ단
ア행	ア	イ	ウ	エ	オ
カ행	カ	キ	ク	ケ	コ
サ행	サ	シ	ス	セ	ソ
タ행	タ	チ	ツ	テ	ト
ナ행	ナ	ニ	ヌ	ネ	ノ
ハ행	ハ	ヒ	フ	ヘ	ホ
マ행	マ	ミ	ム	メ	モ
ヤ행	ヤ		ユ		ヨ
ラ행	ラ	リ	ル	レ	ロ
ワ행	ワ				ヲ
	ン				

일본어 글자는 뭐가 다르지?

私たちはクッキーカップルです。

한자　　히라가나　　　　　　　　　　　가타카나

일본어는 히라가나/가타카나/한자 3종류를 사용해서 표기해. (+ 숫자, 알파벳)

여기서 히라가나와 가타카나가 뭔지, 왜 구분하는 건지 알아보자!

히라가나와 가타카나는 각각 46개의 문자로 발음이 같지만, 만들어진 배경부터 다르다. 한자만으로는 일본어를 표현하기 어려웠기 때문에, 발음 중심으로 재구성하여 글씨를 흘려 쓰면서 히라가나가 되었다. 반면 가타카나는 불교 경전을 일본어 발음으로 읽기 위해, 승려들이 의도적으로 한자의 획 중 일부를 따서 만든 글자이다.

☞ 히라가나

부드러운 느낌을 주는 글자체로, 주로 조사, 어미 등을 표기하는 데 사용

☞ 가타카나

히라가나에 비해 선이 더 강하고 각진 느낌을 주는 글자체로, 외래어를 표기하거나 중요 단어를 강조할 때도 사용

쓰임새가 다르기 때문에,

**　　　　결국엔 히라가나와 가타카나를 모두 알아두는 것이 좋아!**

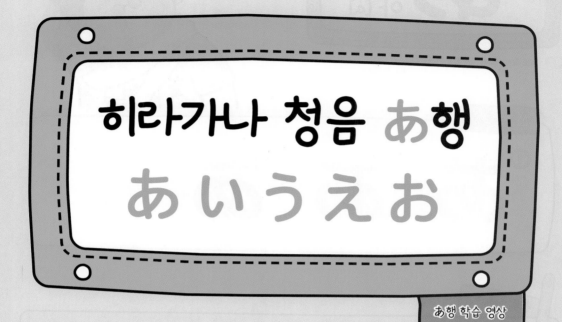

히라가나 청음 あ행

あいうえお

あ행 학습 영상

あ행의 다섯 글자는 일본어의 모음이에요. 그래서, あいうえお를 작게 써서 다른 글자 뒤에 붙이면 다양한 발음을 조합할 수도 있어요. 이처럼 쓰임새와 기능이 다양한 あ행을 먼저 연습해 봅시다!

あ행 음원

히라가나 청음 あ행

あ
あ [a]

주의 · 세로 획이 아니라 가로 획을 먼저 쓴다.

쓰는 순서

① あ ② あ ③ あ

글자쓰기

あ
あ

단어쓰기

비

あ め

[아메]

め

[ame]

히라가나 청음 あ행

い
이 [i]

주의 · 왼쪽이 길고 오른쪽이 짧다.
· 만약 오른쪽이 길면 히라가나 り[ri]처럼 보일 수 있으니 주의한다.

쓰는 순서

① い　② い

글자쓰기

い
い

단어쓰기

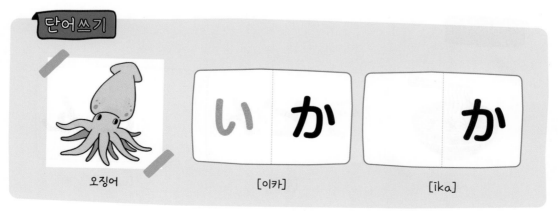

오징어　　　い　か　　　か

[이카]　　　　[ika]

히라가나 청음 あ행

う 우 [ʋ]

주의 · 정확한 발음은 [ㅡ]와 [ㅜ]의 중간 발음인데, [ㅜ]로 발음해도 괜찮다.
· 가타카나 ラ[ra]와 비슷하게 생겼다.

쓰는순서

① う ② う

글자쓰기

う
う

단어쓰기

우동

うどん
[우동]

どん
[udoN]

히라가나 청음 あ행

え 에 [e]

주의 · 한글 'ㅊ'과 비슷하게 생겼다.

쓰는 순서

① え ② え

글자쓰기

え
え

단어쓰기

새우

え び [에비]

び [ebi]

히라가나 청음 あ행

お
오 [o]

 주의 · 글자를 위아래로 뒤집으면 한글 '오'와 비슷하게 생겼다.
· 히라가나 あ[a]와도 비슷해서, 일본에선 자동차 번호판에 お[o]를
  사용하지 않는다.

쓰는 순서

① お   ② お   ③ お

글자쓰기

お

お

단어쓰기

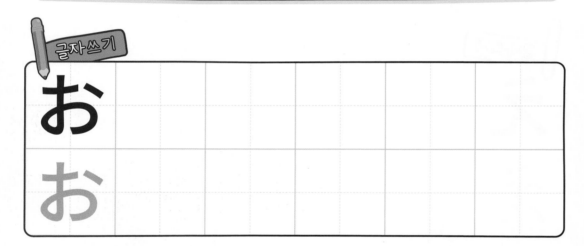

おかね   かね

돈   [오카네]   [okane]

あ행쓰기

あ	あ							
い	い							
う	う							
え	え							
お	お							

Quiz

✿ あ행 글자를 모두 찾아 색칠해 보세요.

정답확인

か	へ	ひ	ふ	な	き	か	の	て
む	そ	い	う	き	ら	あ	か	く
み	え	れ	り	お	の	い	す	け
も	あ	ど	ら	い	り	う	え	よ
る	う	ぬ	ら	え	く	え	は	こ
ろ	め	お	せ	す	こ	お	ほ	て
つ	ち	た	つ	し	さ	き	つ	の

히라가나 청음 か행

かきくけこ

か행 학습 영상

오십음의 두 번째 행으로, 공통 음소는 [k]예요. 일본의 가나 문자는 일부 모음을 제외하고는 모두 '자음+모음'이 결합한 음절입니다. か행의 경우, 단어의 두 번째 음절부터는 [ㅋ]보다는 [ㄲ]에 가까운 된소리가 된다는 분석도 있는데, 너무 의식하기보다는 자연스럽게 발음하는 연습으로 시작해 봅시다!

か행 음원

히라가나 청음 か행

★か행 かきくけこ

か

카 [ka]

주의 · 한자 '加(더할 가)'에서 유래해 모양이 비슷하다.

쓰는 순서

① か ② か ③ か

글자쓰기

か

か

단어쓰기

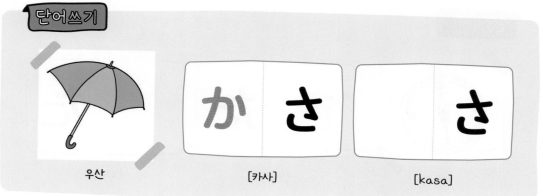

우산

か	さ

[카사]

	さ

[kasa]

히라가나 청음 か행

き
키 [ki]

주의 · 아랫부분을 붙여서 3획(き)에 쓰는 경우도 있고, 4획으로 떨어뜨려 쓰기도 하는데, 일본인의 90% 이상은 4획으로 쓴다고 한다.

쓰는순서

① き ② き ③ き ④ き

글자쓰기

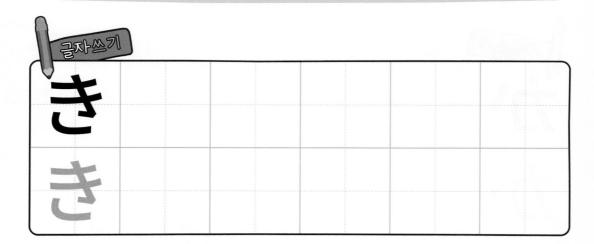

き							
き							

단어쓰기

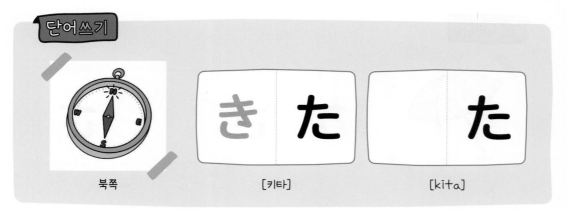

북쪽　　　　　き た　　　　　た

[키타]　　　　　[kita]

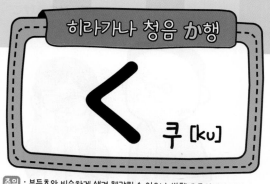

히라가나 청음 か행

く 쿠 [ku]

주의 · 부등호와 비슷하게 생겨 헷갈릴 수 있으니, 방향에 주의해서 기억해 둔다.

쓰는 순서

① く

글자쓰기

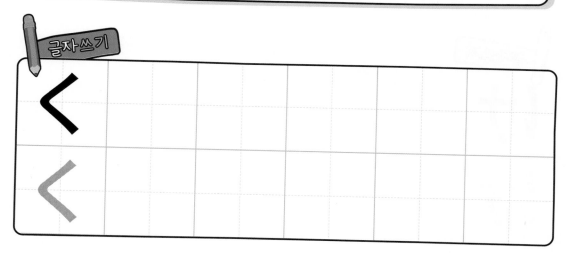

く

단어쓰기

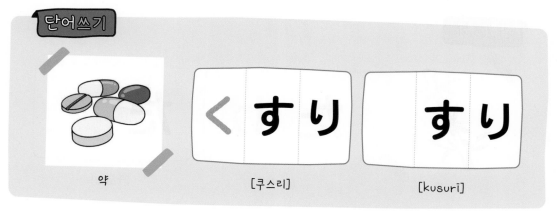

약

くすり
[쿠스리]

すり
[kusuri]

히라가나 청음 か행

け
케 [ke]

주의 · 한글 'ㅂ'이 연상되는 생김새이다.
· 3획의 끝을 왼쪽으로 둥글려서 끝낸다.

쓰는 순서

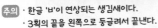

글자쓰기

단어쓰기

대나무　　　た け [타케]　　　た [take]

히라가나 청음 か행

こ 코 [ko]

주의 · 한자 '己(몸 기)'에서 유래했다.
· 1획의 끝에서 2획의 시작이 붙지는 않지만, 이어지는 느낌으로 쓰면 좋다.

쓰는 순서

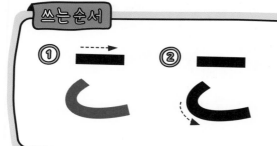

① ② こ こ

글자쓰기

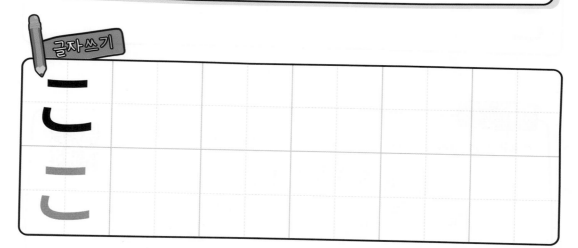

단어쓰기

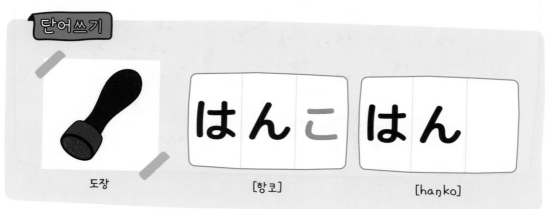

도장   はんこ   はん
            [항코]   [haŋko]

か행쓰기

か	か					
き	き					
く	く					
け	け					
こ	こ					

Quiz

✿ 아행과 か행 글자에 해당하는 점을 모두 이어 그림을 완성해 보세요.

정답확인

start

finishi

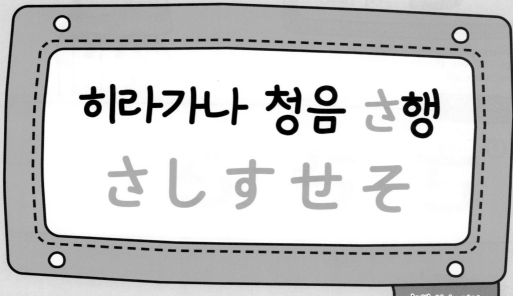

히라가나 청음 さ행

さしすせそ

さ행 학습 영상

さ행 음원

오십음의 세 번째 행으로, 공통 음소는 [s]예요. し의 경우 로마자로 표기할 때 [si]라고 쓰는데, [shi]라고 표기하는 방법도 있어요.

히라가나 청음 さ행

さ

사 [sa]

주의 · 글자체에 따라 2~3획을 붙여서 총 2획(さ)으로 쓰는 경우가 있는데,
일본의 학교에서는 3획 쓰기로 가르치고 있다.
· 히라가나 ち[chi]와 좌우 대칭형이라서 헷갈릴 수 있으므로 주의한다.

쓰는순서

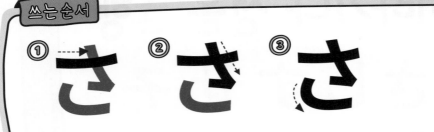

글자쓰기

단어쓰기

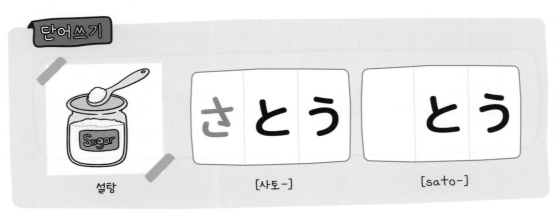

설탕

[사토-]

[sato-]

히라가나 청음 さ행

し

시 [si]

주의 · 한글 'ㄴ'과 모양이 비슷하며, 가타카나 レ[re]와도 비슷하니 주의한다.

쓰는 순서

① し

글자쓰기

し
し

단어쓰기

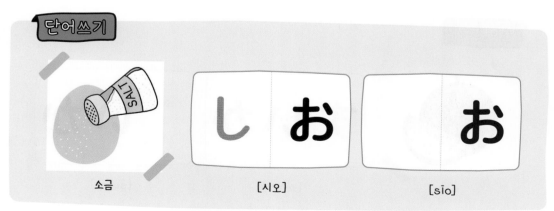

소금 [시오] [sio]

し お   お

히라가나 청음 さ행

す 스 [su]

주의 · う단이지만 [수]보다는 [스]에 가깝게 발음한다.
· 왼쪽으로 꼬리를 내리지 않으면 히라가나 お[o]와 헷갈릴 수 있으니 주의한다.

쓰는 순서

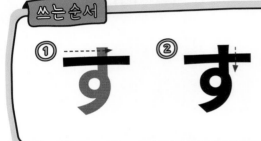

① す ② す

글자쓰기

す

す

단어쓰기

수박

す い か
[스이카]

い か
[suika]

히라가나 청음 さ행

せ
세 [se]

주의 · 2획이 3획보다 살짝 높은 위치에서 시작하면 좋다.

쓰는 순서

① せ　② せ　③ せ

글자쓰기

せ							
せ							

단어쓰기

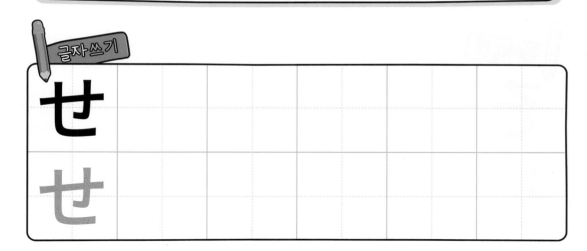

자리

せ	き

[세키]

	き

[sekī]

히라가나 청음 さ행

そ   소 [so]

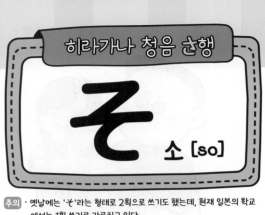

주의 · 옛날에는 'そ'라는 형태로 2획으로 쓰기도 했는데, 현재 일본의 학교에서는 1획 쓰기로 가르치고 있다.

쓰는 순서

① そ

글자쓰기

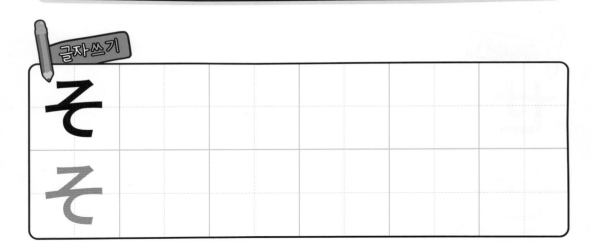

そ
そ

단어쓰기

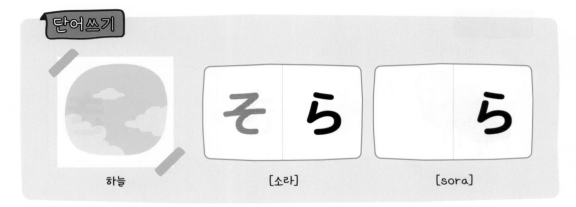

하늘

そ ら   [소라]

ら   [sora]

さ행쓰기

さ	さ					
し	し					
す	す					
せ	せ					
そ	そ					

Quiz

정답확인

✿ 틀린 글자를 찾아 올바른 글자로 고쳐 써 보세요.

お	め

さ	た

た	に

し	あ

히라가나 청음 た행

たちつてと

た행 학습 영상

오십음의 네 번째 행이에요. た행 う단 글자인 「つ」는 로마자로 [tu] 또는 [tsu]라고도 표기해요. 우리나라 외래어 표기법으로는 '쓰'라고 표기해야 하고, 실제 발음을 살려 '츠'라고 쓰는 경우도 있습니다. 우리말에는 정확하게 대응하는 발음이 없어 주의가 필요해요. 혀끝을 윗잇몸과 윗니의 경계에 살짝 대고 발음하는 연습을 하면 좋습니다.

た행 음원

히라가나 청음 た행

た 타 [ta]

주의 · 히라가나 な[na], に[ni]와 생김새가 비슷하므로 주의한다.

쓰는 순서

① た ② た ③ た ④ た

글자쓰기

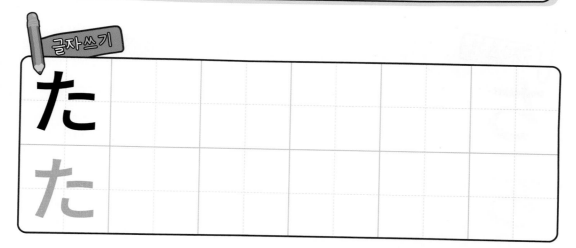

た
た

단어쓰기

계란　　　　　　たまご　　　　　　まご
　　　　　　　[타마고]　　　　　　[tamago]

히라가나 청음 た행

ち
치 [chī]

주의 · 숫자 5, 히라가나 ら[ra]와 닮았고 히라가나 さ[sa]와도 좌우대칭
으로 비슷하므로 주의한다.

쓰는순서

① ち ② ち

글자쓰기

ち					
ち					

단어쓰기

지도   ちず [치즈]   ず [chīzu]

히라가나 청음 た행

つ
츠 [tsu]

주의
- 쓰기엔 어렵지 않지만 한국어에 없는 발음이기 때문에, 한국인에게 어려운 발음 중 하나이다.
- 혀끝을 윗잇몸과 윗니의 경계 지점에 두고 발음한다.

쓰는 순서

① つ

글자쓰기

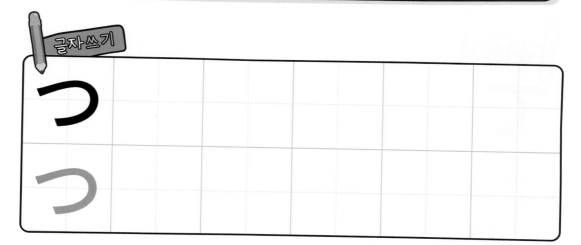

단어쓰기

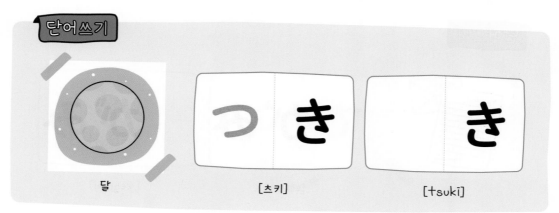

달 | つき [츠키] | き [tsuki]

히라가나 청음 た행

て
테 [te]

주의 · 칸을 세로로 반 나눴을 때, 아래로 내려오는 둥근 획이 오른쪽에 위치하도록 한다.

쓰는 순서

① て

글자쓰기

て					
て					

단어쓰기

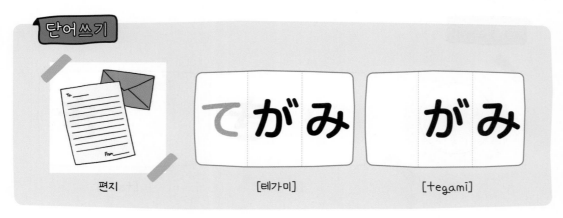

편지   てがみ [테가미]   がみ [tegami]

히라가나 청음 た행

と 토 [to]

주의 · 한자 '그칠 지(止)'에서 유래했다.

쓰는 순서

① と ② と

글자쓰기

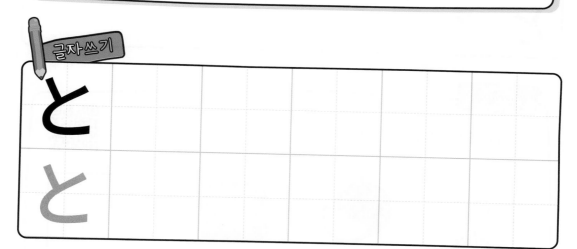

と
と

단어쓰기

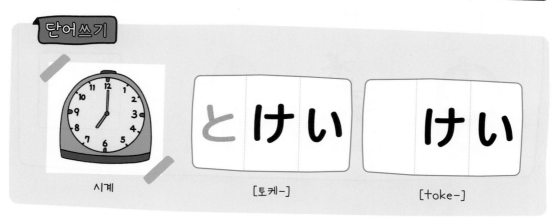

시계   [토케-]   [toke-]

とけい   けい

た행쓰기

た	た				
ち	ち				
つ	つ				
て	て				
と	と				

Quiz

정답확인

✿ 단어에서 공통된 글자를 찾아 써 보세요.

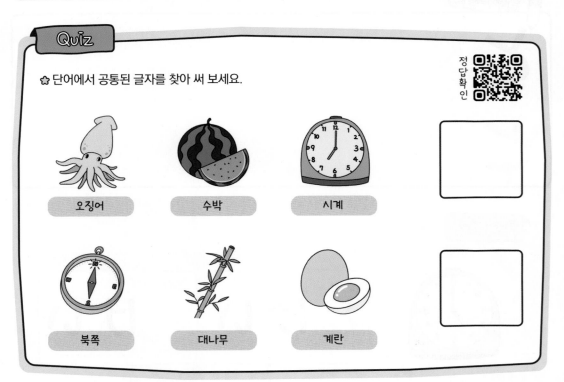

오징어	수박	시계	
북쪽	대나무	계란	

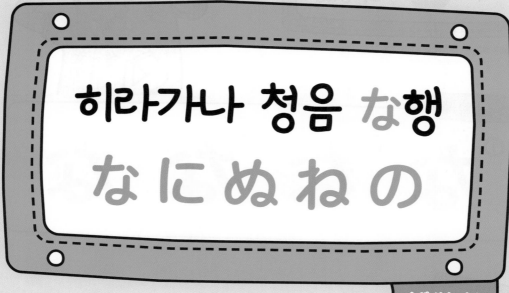

히라가나 청음 な행

なにぬねの

な행 학습 영상

오십음의 다섯 번째 행으로, 공통 음소는 [n]이에요. な행 각 음의 자음은 모두 비음으로, 발음할 때 성대가 울리는 '유성음'에 해당해요.

な행 음원

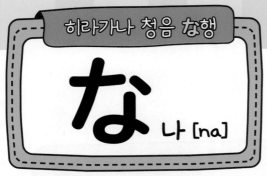

히라가나 청음 な행

な 나 [na]

주의 · 3획은 1획이 끝나는 지점과 높이를 같게 쓴다.

쓰는 순서

① な ② な ③ な ④ な

글자쓰기

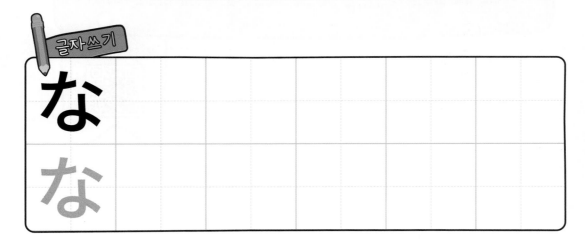

な
な

단어쓰기

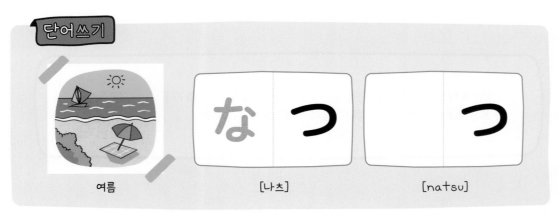

여름

な つ

つ

[나츠]

[natsu]

히라가나 청음 な행

に

니 [ni]

주의 · 한자 '어질 인(仁)'에서 유래한 히라가나로 생김새가 비슷하다.

쓰는순서

① に ② に ③ に

글자쓰기

に

に

단어쓰기

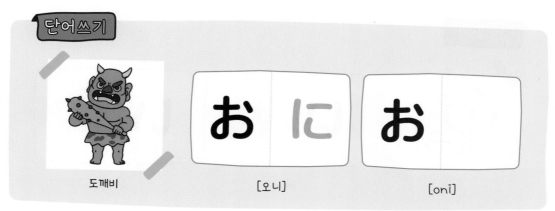

도깨비

お に お

[오니]

[oni]

히라가나 청음 な행

ぬ 누 [nu]

주의 · 히라가나 め[me]와 굉장히 비슷하므로 주의한다.

쓰는 순서

① ぬ　② ぬ

글자쓰기

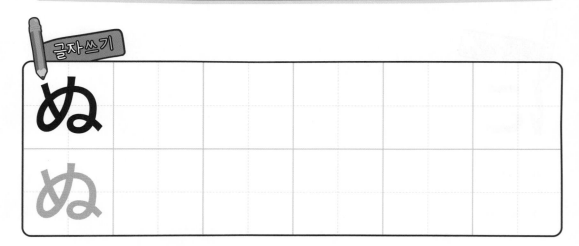

ぬ

ぬ

단어쓰기

개

い ぬ ［이누］

い ［inu］

히라가나 청음 な행

ね 네 [ne]

주의 · 히라가나 れ[re], 히라가나 わ[wa]와 비슷하게 생겼으니 마지막 꼬리 부분에 주의해서 구별한다.

쓰는 순서

① ね ② ね

글자쓰기

ね
ね

단어쓰기

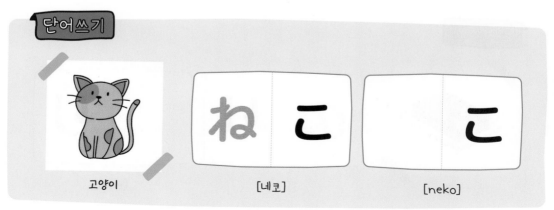

고양이

ね こ

こ

[네코]

[neko]

히라가나 청음 な행

の

노 [no]

주의 · 시작점과 끝나는 지점이 둘 다 세로 중앙선상에 오도록 한다.
· 소유격을 나타내는 조사 '~의'라는 의미가 있어 자주 볼 수 있는 글자이다.

쓰는 순서

① の

글자쓰기

の
の

단어쓰기

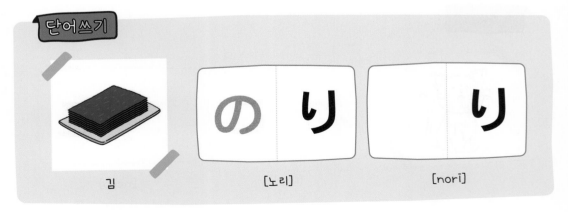

김

の り
[노리]

り
[nori]

な행쓰기

な	な				
に	に				
ぬ	ぬ				
ね	ね				
の	の				

Quiz

✿ あ행부터 な행까지(あ·か·さ·た·な행) 해당하는 글자를 모두 찾아 색칠해 보세요.

정답확인

な	あ	お	い	に	こ	け	ね	こ
の	か	は	て	や	ゆ	よ	た	か
ぬ	く	ひ	た	お	い	と	つ	お
す	せ	ふ	え	い	か	ぬ	さ	う
く	に	へ	き	え	くん	ち	な	そ
す	の	ほ	て	ま	ん	め	に	ね
く	な	つ	と	ね	に	な	し	の

히라가나 청음 は행

はひふへほ

は행 학습 영상

오십음의 여섯 번째 행이에요. は행 い단 글자인 「ひ」가 어두에 올 때 [이]가 되지 않도록 자음을 잘 살려서 [히]라고 분명히 발음해 주면 좋아요. 그리고 は행 う단 글자인 「ふ」는 [hu] 또는 [fu]로 표기하기도 하는데, [후]로 발음하면 됩니다.

は행 음원

히라가나 청음 は행

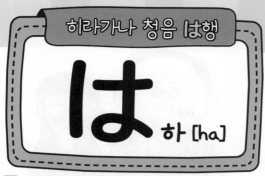

は
하 [ha]

주의 · 한자 '물결 파(波)'에서 유래했다.
· 글자의 원래 발음은 [하]이지만 '~은/는'을 나타내는 조사로 쓰일 땐 [와]라고 발음한다.

쓰는 순서

① は　② は　③ は

글자쓰기

は				
は				

단어쓰기

꽃

は	な

[하나]

	な

[hana]

히라가나 청음 は행

ひ
히 [hī]

쓰는 순서

① ひ

글자쓰기

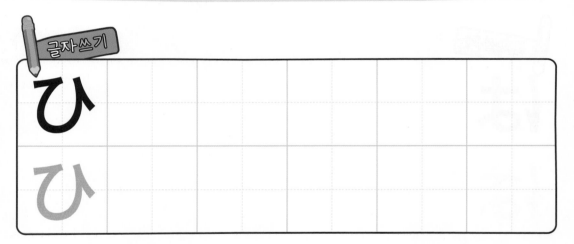

ひ

ひ

단어쓰기

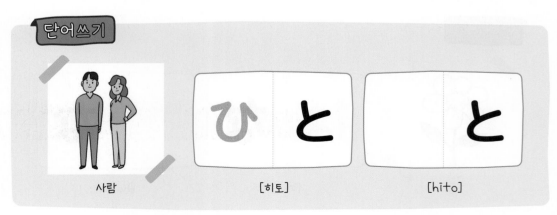

사람

ひ	と

[히토]

	と

[hito]

히라가나 청음 は행

ふ 후 [hu]

주의
· 한자 '아닐 부(不)'에서 유래했다.
· 글자체에 따라 1~2획을 붙여서 총 3획(ふ)으로 쓰는 경우도 있는데, 일본의 학교에서는 4획으로 가르치고 있다.

쓰는 순서

 ①  ②  ③  ④

글자쓰기

ふ						
ふ						

단어쓰기

겨울

[후유]

[huyu]

☆は행 はひふへほ

ヘ へ 헤 [he]

주의 · 한글 'ㅅ'과 비슷하게 생겼다.
· 꺾인 부분을 기준으로 왼쪽과 오른쪽의 길이가 1:2 정도의 비율이라고 볼 수 있다.

쓰는순서

① へ

글자쓰기

단어쓰기

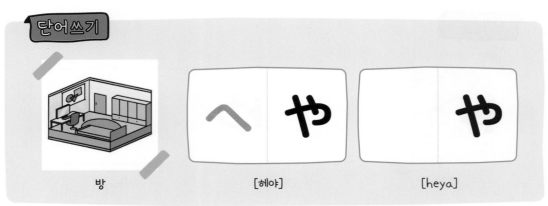

방 へや [헤야] や [heya]

50 쿠키커플의 온몸으로 기억하는

히라가나 청음 は행

ほ
호 [ho]

주의 · 히라가나 ま[ma] 또는 は[ha]와 헷갈리지 않도록 1~2획을 잘 써준다.

쓰는 순서

① ほ ② ほ ③ ほ ④ ほ

글자쓰기

ほ

ほ

단어쓰기

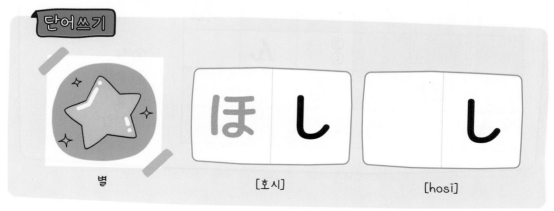

별

ほ し [호시]

し [hosī]

は행 쓰기

は	は				
ひ	ひ				
ふ	ふ				
へ	へ				
ほ	ほ				

Quiz

정답확인

✿ 십자말풀이의 빈칸을 채워 보세요.

①な	ⓐ				
	②	た			
					ⓑね
			③ⓒ	ん	
	ⓓひ		な		
④さ		う			

① 여름
② 북쪽
③ 도장
④ 설탕

ⓐ 달
ⓑ 고양이
ⓒ 꽃
ⓓ 사람

히라가나 청음 ま행
まみむめも

ま행 학습 영상

오십음의 일곱 번째 행으로, 공통 음소는 [m]이에요. ま행 각 음의 자음도 모두 비음으로 유성음에 해당하기 때문에 탁음을 만들 수 없고 청음만 있어요.

ま행 음원

히라가나 청음 ま행

ま

마 [ma]

주의 · 히라가나 も[mo]와 비슷하니, 마지막 꼬리 부분을 주의한다.

쓰는 순서

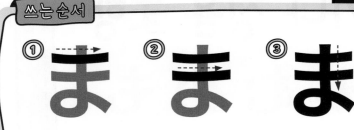

① ま ② ま ③ ま

글자쓰기

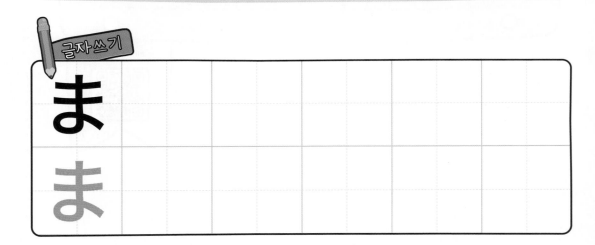

ま

ま

단어쓰기

창문   [마도]   [mado]

히라가나 청음 ま행

み
미 [mi]

주의 · 한자 '아름다울 미(美)'에서 유래했다.

쓰는순서

① み ② み

글자쓰기

み

み

단어쓰기

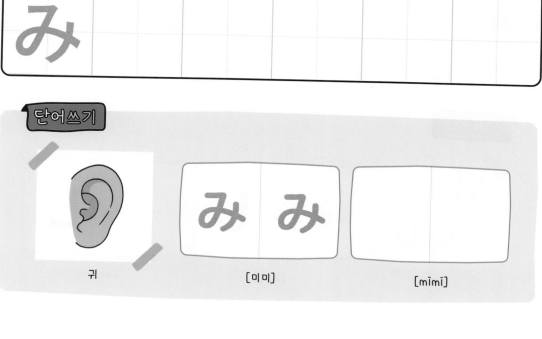

귀

み み

[미미]

[mimi]

히라가나 청음 ま행

む
무 [mu]

주의 · 2획에서 둥글게 굴리는 부분이 아래로 가지 않고 왼쪽에 위치하도록
유의해서 쓴다.

쓰는 순서

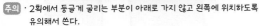

① む ② む ③ む

글자쓰기

む
む

단어쓰기

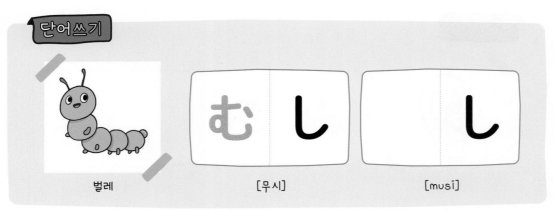

벌레

む し
[무시]

し
[musi]

히라가나 청음 ま행

め

메 [me]

주의 · 히라가나 ぬ[nu]와 비슷하므로 주의한다.
· 2획이 1획보다 살짝 높은 위치에서 시작한다.

쓰는순서

① め ② め

글자쓰기

め
め

단어쓰기

눈   め   [me]
         [메]

히라가나 청음 ま행

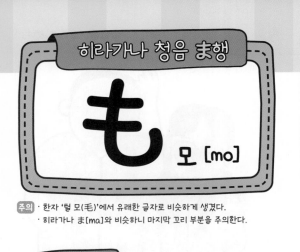

も
모 [mo]

주의 · 한자 '털 모(毛)'에서 유래한 글자로 비슷하게 생겼다.
· 히라가나 ま[ma]와 비슷하니 마지막 꼬리 부분을 주의한다.

쓰는 순서

글자쓰기

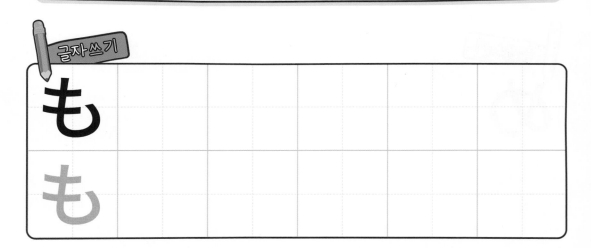

단어쓰기

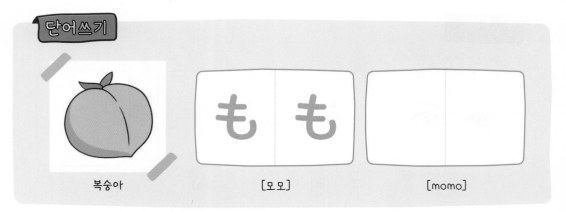

복숭아   [모모]   [momo]

ま행쓰기

ま	ま				
み	み				
む	む				
め	め				
も	も				

Quiz

✿ 틀린 글자를 찾아 올바른 글자로 고쳐 써 보세요.

정답확인

いめ		ほな	

まし		もど	

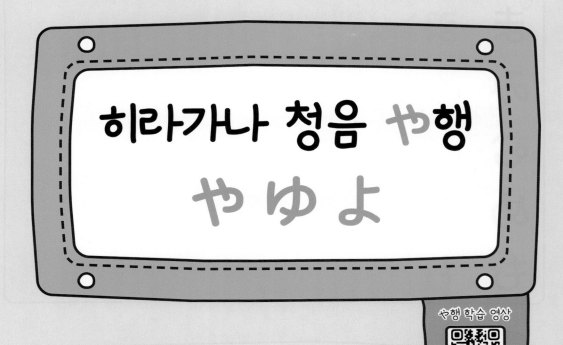

히라가나 청음 や행

や ゆ よ

や행 학습 영상

오십음의 여덟 번째 행으로, 일본어의 반모음입니다. 오십음도에서 い[i]를 제외한 い단 글자들 옆에 작게 쓴 や행(ゃ·ゅ·ょ)을 붙이면 요음이 돼요.

や행 음원

히라가나 청음 や행

や
야 [ya]

주의 • 한자 '어조사 야(也)'에서 유래한 글자로 비슷하게 생겼다.
• 3획을 너무 길거나 짧지 않게 적절한 길이로 빼서 쓴다.

쓰는 순서

① や ② や ③ や

글자쓰기

や
や

단어쓰기

산

や ま [야마]

ま [yama]

히라가나 청음 や행

ゆ
유 [yu]

주의 ・한자 '말미암을 유(由)'에서 유래했다.
・1획을 충분한 크기로 둥글리고, 2획이 중앙보다 살짝 오른쪽에 위치하게 한다.

쓰는 순서

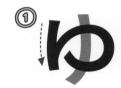 

글자쓰기

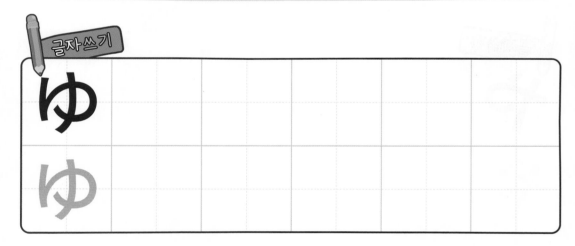

단어쓰기

꿈　　　　[유메]　　　　[yume]

히라가나 청음 や행

よ 요 [yo]

 주의 · 한자 '줄 여(与)'에서 유래했다.
· 2획의 마지막이 1획보다 살짝 더 오른쪽으로 삐져나오게 쓴다.

쓰는 순서

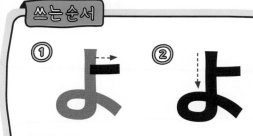

① よ ② よ

글자쓰기

よ

よ

단어쓰기

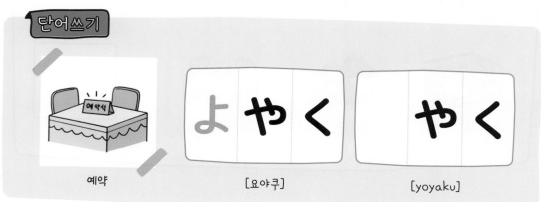

예약

よ や く
[요야쿠]

や く
[yoyaku]

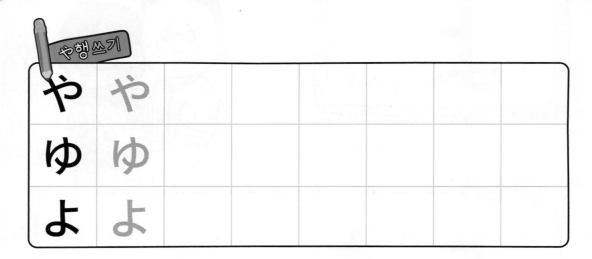

や행쓰기

や	や				
ゆ	ゆ				
よ	よ				

Quiz

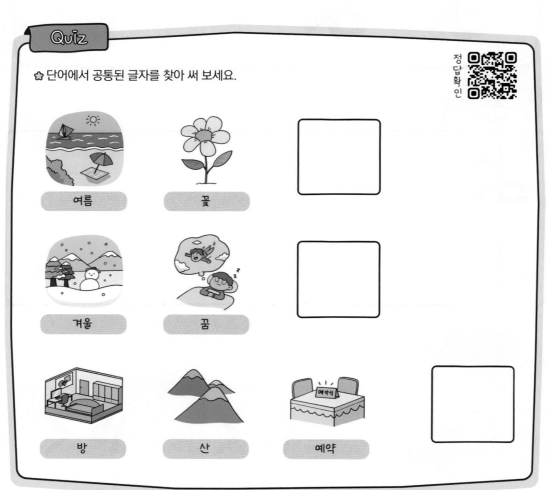

☆ 단어에서 공통된 글자를 찾아 써 보세요.

정답확인

여름　　꽃

겨울　　꿈

방　　산　　예약

히라가나 청음 ら행

らりるれろ

ら행 학습 영상

ら행 음원

오십음의 아홉 번째 행으로, 공통 음소는 [r]이에요. ら행 각 음의 자음도 모두 유성음에 해당하기 때문에 탁음을 만들 수 없고 청음만 있어요.

히라가나 청음 ら행

ら 라 [ra]

주의 · 숫자 5와 비슷하고, 히라가나 ち[chi]와도 비슷하므로 주의한다.

쓰는순서

① ら ② ら

글자쓰기

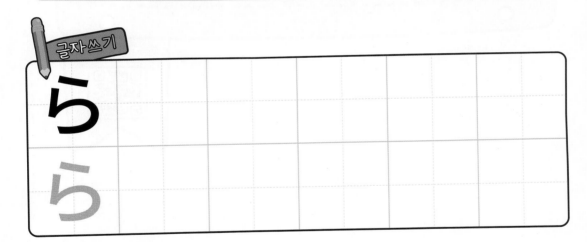

ら

ら

단어쓰기

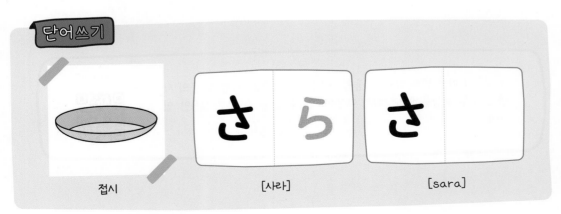

접시 　　　さ ら 　　　 さ

[사라] 　　　 [sara]

히라가나 청음 ら행

り

리 [ri]

주의 · 왼쪽이 짧고 오른쪽이 긴 글자이다.
· 만약 왼쪽이 길면 히라가나 い[i]처럼 보일 수 있으니 주의한다.
· 글자체에 따라 1~2획이 연결된 형태(り)도 있지만 분리해서 쓴다.

쓰는 순서

① り ② り

글자쓰기

り
り

단어쓰기

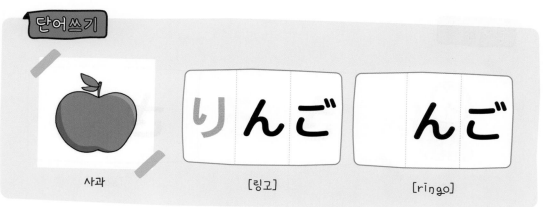

사과   [링고]   [ringo]

りんご   んご

히라가나 청음 ら행

る
루 [ru]

주의 · 히라가나 ろ[ro]와 비슷하므로 마지막 꼬리 부분을 주의한다.

쓰는순서

① る

글자쓰기

る					
る					

단어쓰기

원숭이   さ る   さ

[사루]   [saru]

히라가나 청음 ら행

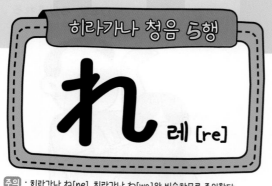

れ
레 [re]

주의 · 히라가나 ね[ne], 히라가나 わ[wa]와 비슷하므로 주의한다.
· 2획의 끝부분을 마치 히라가나 し[si]처럼 오른쪽 밖으로 뺀다.

쓰는 순서

글자쓰기

れ					
れ					

단어쓰기

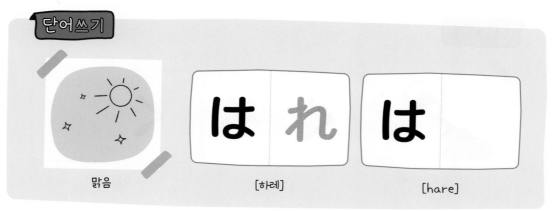

맑음   は れ は

[하레]   [hare]

히라가나 청음 ら행

ろ
로 [ro]

주의 · 숫자 3과 비슷하게 생겼다.
· 히라가나 る[ru]와도 비슷하니 마지막 꼬리 부분을 주의한다.

쓰는순서

① ろ

글자쓰기

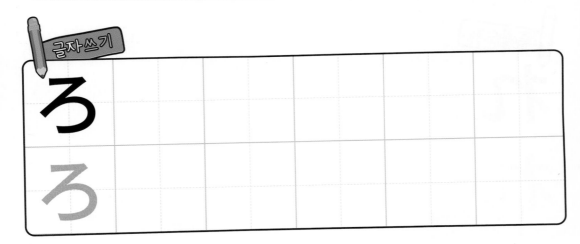

단어쓰기

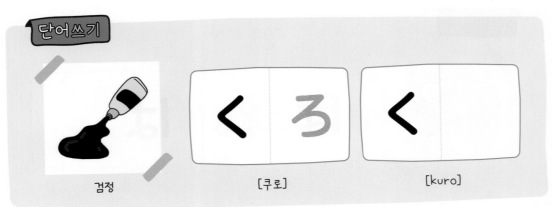

검정   く ろ   く

         [쿠로]   [kuro]

ら행쓰기

ら	ら				
り	り				
る	る				
れ	れ				
ろ	ろ				

Quiz

✿ 틀린 글자를 찾아 올바른 글자로 고쳐 써 보세요.

정답확인

さ	ち

さ	ろ

は	わ

れ	こ

히라가나 청음 わ행과 ん
わを / ん

わ행/ん 학습 영상

わ행은 오십음의 열 번째 행으로, 옛날에는 い단의 「ゐ」 え단의 「ゑ」로 오십음도가 채워져 있었지만, 현대 일본어에서는 사용되지 않아요.
わ행 お단인 「を」는 발음이 「お」와 동일한데, 단어에는 사용되지 않고 '조사'로만 사용됩니다.
그리고 ん은 어느 행과 단에도 속하지 않은 유일한 문자예요.

わ행/ん 음원

히라가나 청음 わ행

わ 와 [wa]

주의 · 히라가나 ね[ne], 히라가나 れ[re]와 비슷하므로 주의한다.
· 일본 자동차 번호판에 わ[wa]가 있으면 한국의 '하', '허', '호'처럼 렌터카임을 알 수 있다.

쓰는 순서

① わ ② わ

글자쓰기

わ
わ

단어쓰기

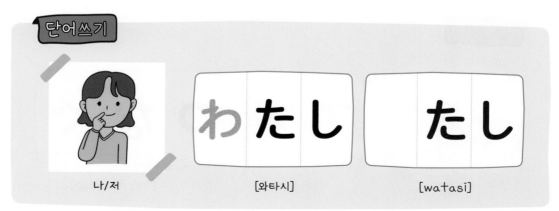

나/저

わ た し [와타시]

た し [watasi]

히라가나 청음 わ행

を 오 [o]

주의 · 단어에 사용되는 경우는 없고, '~을/를'을 뜻하는 조사로만 사용된다.

쓰는 순서

① を ② を ③ を

글자쓰기

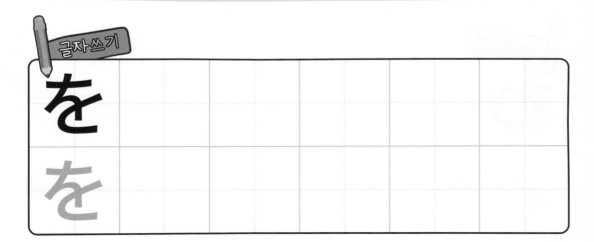

を

を

단어쓰기

손을 잡다

て を つ な ぐ

[테오 츠나구]   [teo tsunagu]

☆ん　ん

히라가나 청음 ん

ん　응 [N]

주의 · 발음이 한 가지가 아니라 앞 글자에 따라 발음이 ㄴ, ㅁ, ㅇ 등으로 달라진다.
· ん 단독으로 사용하는 경우는 없고, ん으로 시작하는 단어도 없으므로
　끝말잇기에서 ん으로 끝나는 단어를 말하면 이긴다.

쓰는 순서

① ん

글자 쓰기

ん

ん

단어 쓰기

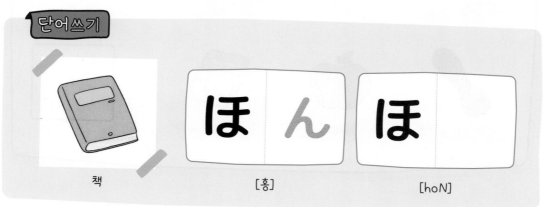

책

[혼]

ほん

[hoN]

ほ

히라가나·가타카나 쓰기노트　75

わ행/ん쓰기

わ	わ				
を	を				
ん	ん				

Quiz

✿ 단어에서 공통된 글자를 찾아 써 보세요.

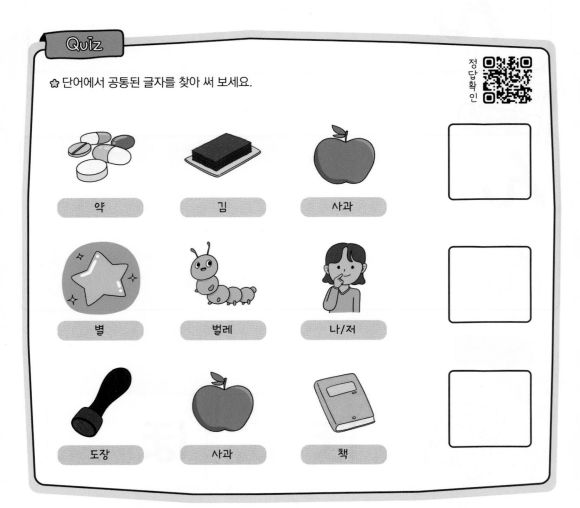

약	김	사과	
별	벌레	나/저	
도장	사과	책	

あ (a) | あ
い (i) | い

お (o) | お
り (ri) | り

き (ki) | き
け (ke) | け

さ (sa) | さ
は (ha) | は

さ (sa) | さ
そ (so) | そ

ち (chi) | ち
ろ (ro) | ろ

た (ta) | た
ち (chi) | ち

に (ni) | に
ら (ra) | ら

비슷한 글자 쓰기

は
(ha)

| は | | | | |

ま
(ma)

| ま | | | | |

ほ
(ho)

| ほ | | | | |

も
(mo)

| も | | | | |

む
(mu)

| む | | | | |

め
(me)

| め | | | | |

お
(o)

| お | | | | |

ぬ
(nu)

| ぬ | | | | |

ろ
(ro)

| ろ | | | | |

わ
(wa)

| わ | | | | |

る
(ru)

| る | | | | |

れ
(re)

| れ | | | | |

ね
(ne)

| ね | | | | |

히라가나 탁음·반탁음

탁음·반탁음 학습 영상

탁음은 일부 청음(か행·さ행·た행·は행)의 오른쪽 위에 탁점(")을 붙여 만듭니다. 청음에서 탁음이 되면 말 그대로 탁한 소리가 난다고 이해하는 방법도 있어요. 자음이 성대가 울리는 발음인 '유성음화'가 된다고 설명하기도 합니다.
그리고 반탁음은 오른쪽 위에 반탁점(°)을 붙여 만들어요. は행에만 적용되기 때문에 「ぱ·ぴ·ぷ·ぺ·ぽ」 다섯 글자입니다. 반탁음이 되면 거센 소리가 되는데, 단어의 중간이나 끝에 오면 [ㅍ]보다는 [ㅃ]에 가깝게 발음되는 경향이 있어요.

탁음·반탁음 음원

글자쓰기

が
が

ぎ
ぎ

ぐ
ぐ

げ
げ

ご
ご

글자쓰기

ざ
ざ

じ
じ

ず
ず

ぜ
ぜ

ぞ
ぞ

글자쓰기

だ
だ

ぢ
ぢ

づ
づ

で
で

ど
ど

글자쓰기

ば
ば

び
び

ぶ
ぶ

べ
べ

ぼ
ぼ

글자 쓰기

ぱ
ぱ

ぴ
ぴ

ぷ
ぷ

ぺ
ぺ

ぽ
ぽ

히라가나 요음

* 세로쓰기 예

*가로쓰기 예

요음은 い[i]를 제외한 い단 글자 오른쪽에 약 1/4 크기의 작은 ゃ·ゅ·ょ(반모음)를 붙여 써서 만듭니다. 쓸 때 ゃ·ゅ·ょ 글자 크기에 주의해 주세요. 너무 크게 쓰면 요음으로 볼 수 없으므로, 전혀 다른 뜻의 단어가 될 수 있어요. (예) びょういん 병원 - びよういん 미용실
그리고 두 글자이지만 1음절로 발음한다는 특징이 있어요.

요음 음원

글자쓰기

きゃ	きゅ	きょ			
きゃ	きゅ	きょ			

しゃ	しゅ	しょ			
しゃ	しゅ	しょ			

ちゃ	ちゅ	ちょ			
ちゃ	ちゅ	ちょ			

글자쓰기

にゃ	にゅ	にょ			
にゃ	にゅ	にょ			

ひゃ	ひゅ	ひょ			
ひゃ	ひゅ	ひょ			

みゃ	みゅ	みょ			
みゃ	みゅ	みょ			

りゃ	りゅ	りょ			
りゃ	りゅ	りょ			

글자쓰기

ぎゃ	ぎゅ	ぎょ			
ぎゃ	ぎゅ	ぎょ			

じゃ	じゅ	じょ			
じゃ	じゅ	じょ			

びゃ	びゅ	びょ			
びゃ	びゅ	びょ			

ぴゃ	ぴゅ	ぴょ			
ぴゃ	ぴゅ	ぴょ			

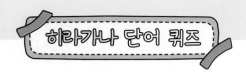

✿ 아래 박스를 참고하여 단어의 빈칸에 들어갈 글자를 채워쓰고, 완성된 단어와 뜻을 연결해 보세요.

か	の	ほ	は	ん	ゆ	お	わ	ね	み

① ☐ り   ○   ○ 소금

② し ☐   ○   ○ 겨울

③ ☐ た し   ○   ○ 우산

④ ☐ し   ○   ○ 김

⑤ ☐ こ   ○   ○ 꿈

⑥ ふ ☐   ○   ○ 귀

⑦ ☐ さ   ○   ○ 편지

⑧ ☐ み   ○   ○ 고양이

⑨ り ☐ ご   ○   ○ 나/저

⑩ ☐ め   ○   ○ 별

⑪ て が ☐   ○   ○ 사과

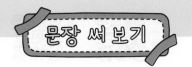

① 대단해!

す	ご	い	！
す	ご	い	！

② 맛있겠다.

お	い	し	そ	う	。
お	い	し	そ	う	。

③ 얼마예요?

い	く	ら	で	す	か	。
い	く	ら	で	す	か	。

가타카나 청음 ア행

アイウエオ

ア행 학습 영상

가타카나는 각각 대응하는 히라가나와 발음이 똑같지만, 외국어/외래어를 표기하거나, 특정 단어를 강조하고 싶을 때 등, 용도가 따로 있기 때문에 함께 외워두는 것이 좋습니다. 일본어로 외국어/외래어를 표현할 때 장음을 포함하는 경우가 많은데, 가타카나는 장음을 'ー'로 표기해요. 앞에서 학습한 히라가나 글자의 모양과 비교해 보며 가타카나도 하나씩 살펴보아요~!

あ	い	う	え	お
ア	イ	ウ	エ	オ

ア행 음원

가타카나 청음 ア행

ア
아 [a]

주의 · 2획은 1획의 중앙부에서 시작되어 내려온다.
· 한 획에 쓰는 가타카나 フ[hu]와 헷갈리지 않도록 2획을 확실히 구분
해서 쓴다.

쓰는순서

① ア ② ア

글자쓰기

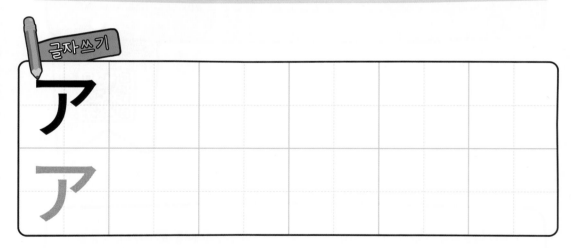

ア
ア

단어쓰기

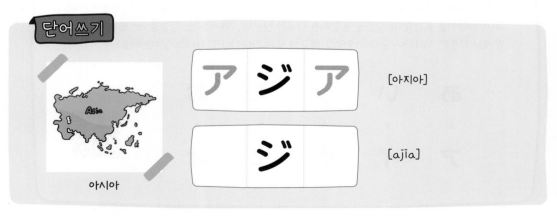

아시아

ア ジ ア   [아지아]

ジ   [ajia]

가타카나 청음 ア행

イ
이 [i]

주의 · 2획이 왼쪽이나 오른쪽으로 휘지 않도록 올곧게 내려와야 한다.

쓰는 순서

① イ ② イ

글자쓰기

イ

イ

단어쓰기

ア	イ	ス

[아이스]

ア		ス

[aɪsu]

얼음

가타카나 청음 ア행

ウ

우 [u]

주의 · 한자 '집 우(宇)'에서 따온 글자이다.
· 가타카나 'ウ'에 탁점(")을 붙인 'ヴ'는 일본어에 없는 'v' 발음을 표기
할 때 사용하기도 한다.

쓰는순서

글자쓰기

ウ					
ウ					

단어쓰기

바이러스

| ウ | イ | ル | ス | [우이루스] |

| | イ | ル | ス | [uīrus] |

가타카나 청음 ア행

エ
에 [e]

주의 · 1획에 비해 3획을 살짝 더 길게 써 주면 좋다.

쓰는 순서

① エ ② エ ③ エ

글자쓰기

エ

エ

단어쓰기

エ ル フ   [에루후]

ル フ   [eruhu]

엘프(요정)

가타카나 청음 ア행

オ
오 [o]

주의 · 3획은 1획과 2획 사이 공간을 균등하게 나눈다는 느낌으로 그어준다.

쓰는 순서

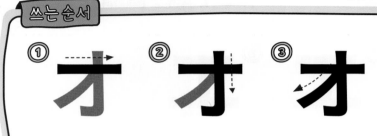

① オ ② オ ③ オ

글자쓰기

オ						
オ						

단어쓰기

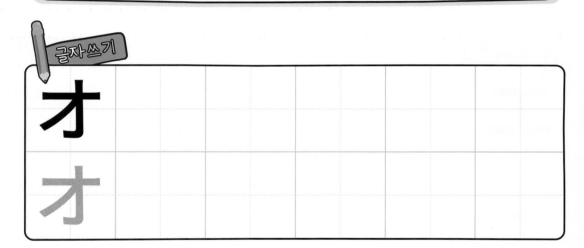

오 ニ オ ン   [오니온]

ニ   ン   [onioN]

양파

ア행쓰기

ア	ア						
イ	イ						
ウ	ウ						
エ	エ						
オ	オ						

Quiz

✿ 히라가나를 같은 발음의 가타카나로 바꿔 쓴 후, 단어의 뜻을 함께 써 보세요.

정답확인

| あ | い | ス | … | | | ス | 뜻: |

| う | い | ルス | … | | | ルス | 뜻: |

| え | ル | フ | … | | ルフ | 뜻: |

가타카나 청음 カ행

カキクケコ

カ행 학습 영상

かきくけこ

カ행 음원

カ　キ　ク　ケ　コ

가타카나 청음 カ행

力

カ [ka]

주의 · 한자 '힘 력(力)'과 거의 똑같이 생겼다.

쓰는 순서

① 力 ② 力

글자쓰기

力

力

단어쓰기

| カ | フ | エ |

[카훼]

| | フ | エ |

[kafe]

카페

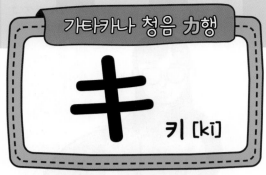

가타카나 청음 力행

キ
キ 키 [ki]

 · 히라가나 き[ki]의 마지막 획을 생략한 것처럼 생겼다.
· 1획보다 2획이 조금 더 길다.

쓰는 순서

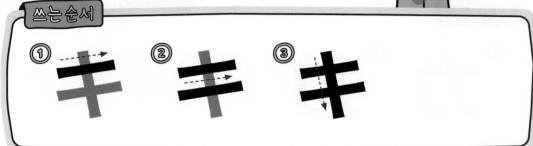

① キ ② キ ③ キ

글자쓰기

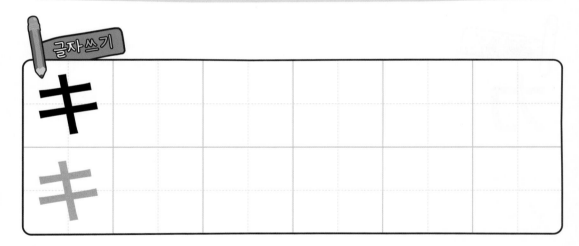

キ

キ

단어쓰기

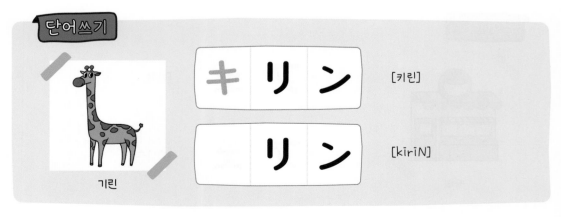

기린

キ	リ	ン	[키린]
	リ	ン	[kiriN]

가타카나 청음 カ행

ク

쿠 [ku]

주의 · 한자 '오랠 구(久)'에서 따온 글자로, 오른쪽 삐침을 빼면 생김새가
　　　 똑같다.
　　 · 2획은 1획보다 더 길게 내린다.

쓰는 순서

① ク ② ク

글자쓰기

ク					
ク					

단어쓰기

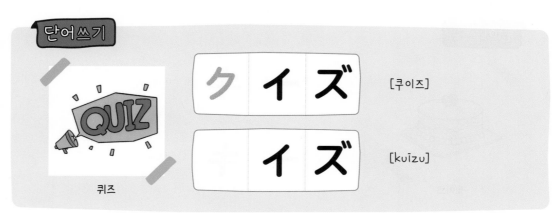

ク	イ	ズ

[쿠이즈]

	イ	ズ

[kuizu]

퀴즈

가타카나 청음 カ행

ケ
케 [ke]

주의 · 한자 '낄 개(介)'에서 따온 글자이다.
· 가타카나 ケ[ke]가 두 개 붙어 있으면 '대나무 죽(竹)'과 비슷하게 생겼다.

쓰는 순서

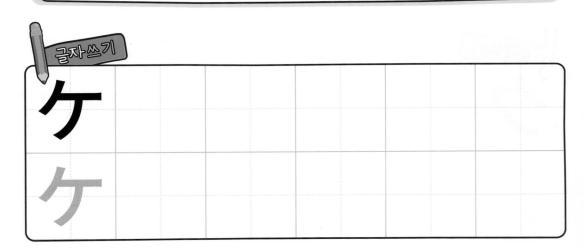

① ケ ② ケ ③ ケ

글자쓰기

ケ							
ケ							

단어쓰기

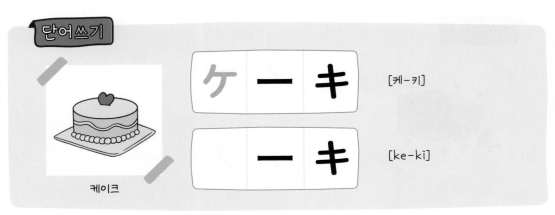

ケ ー キ [케-키]

ー キ [ke-ki]

케이크

가타카나 청음 カ행

コ
코 [ko]

주의 · 한글 'ㄷ'자를 좌우로 반전한 것처럼 생겼다.

쓰는 순서

① コ ② コ

글자쓰기

コ						
コ						

단어쓰기

コピー [코피-]

ピー [kopī-]

복사

力행쓰기

力	力				
キ	キ				
ク	ク				
ケ	ケ				
コ	コ				

Quiz

정답확인

✿ 틀린 글자를 찾아 올바른 글자로 고쳐 써 보세요.

タ	イ	ズ	…			

ク	ー	キ	…			

ロ	ピ	ー	…			

가타카나 청음 サ행

サシスセソ

サ행 학습 영상

さ	し	す	せ	そ
・	・	・	・	・
サ	シ	ス	セ	ソ

サ행 음원

가타카나 청음 サ행

サ
사 [sa]

주의 · 가로획을 제일 먼저 쓴다.
· 3획은 둥글게 기울이며 내린다.

쓰는 순서

① サ ② サ ③ サ

글자쓰기

サ

サ

단어쓰기

| サ | ラ | ダ | [사라다] |

| | ラ | ダ | [sarada] |

샐러드

쿠키커플의 온몸으로 기억하는

가타카나 청음 サ행

シ
시 [si]

주의 · 글자체에 따라서는 구분하기 어려울 만큼 가타카나 ツ[tsu]와 비슷한데, シ[si]는 마지막 획을 아래에서 위로 올려 그으며, ツ[tsu]는 마지막 획을 위에서 아래로 내려긋는다.

쓰는 순서

① シ　② シ　③ シ

글자쓰기

シ
シ

단어쓰기

| シ | ャ | ツ | [샤츠] |
| | ャ | ツ | [syatsu] |

셔츠

가타카나 청음 サ행

ス

스 [su]

주의 · 한글 'ス'과 비슷하게 생겼다.
· 2획이 1획 안쪽으로 삐져나가지 않게 주의한다.

쓰는 순서

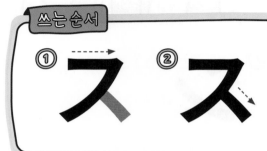

① ス ② ス

글자쓰기

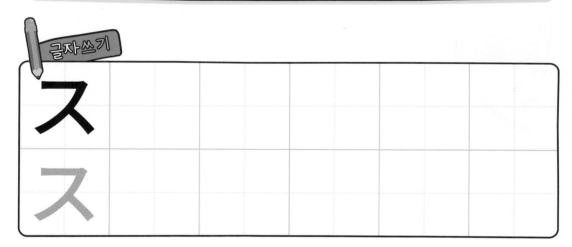

ス
ス

단어쓰기

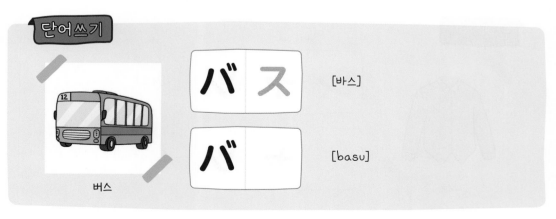

| バ | ス | [바스] |

バス 버스

| バ | | [basu] |

버스

가타카나 청음 サ행

セ 세 [se]

주의 · 한자 '인간 세(世)'에서 따온 글자이다.
· 1획은 오른쪽 위로 살짝 기울여 올려주는 느낌으로 그어준다.

쓰는 순서

① セ ② セ

글자쓰기

セ						
セ						

단어쓰기

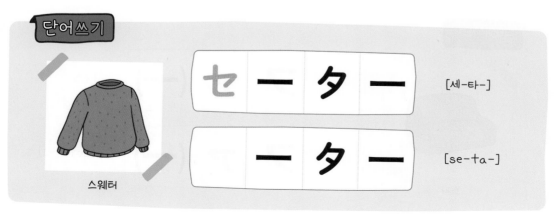

스웨터

セ	ー	タ	ー
	ー	タ	ー

[세-타-]

[se-ta-]

가타카나 청음 サ행

ソ 소 [so]

주의 · 글자체에 따라서는 구분하기 어려울 만큼 가타카나 ン[N]과 매우 비슷한데, ソ[so]는 마지막 획을 위에서 아래로 내려그으며, ン[N]은 마지막 획을 아래에서 위로 올려 긋는다.

쓰는 순서

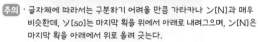

글자쓰기

단어쓰기

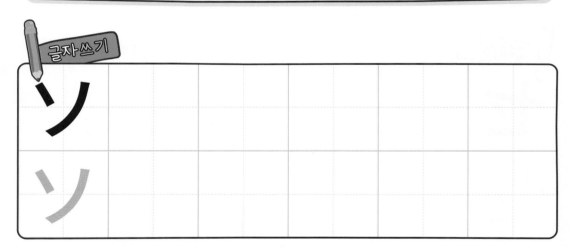

| ソ | フ | ア | (ー) | [소화(-)] |

| | フ | ァ | (ー) | [sofa(-)] |

소파

サ행 쓰기

サ	サ					
シ	シ					
ス	ス					
セ	セ					
ソ	ソ					

Quiz

☆ 단어에서 공통된 글자를 찾아 써 보세요.

정답확인

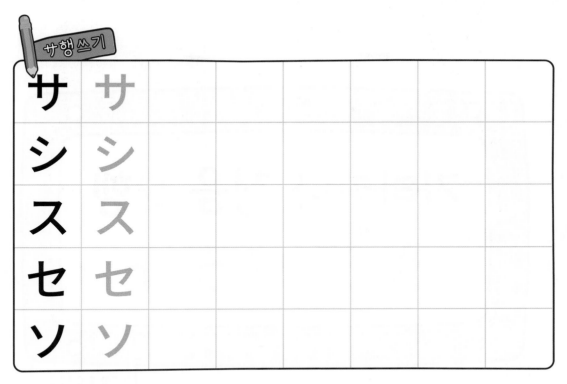

얼음   바이러스   버스

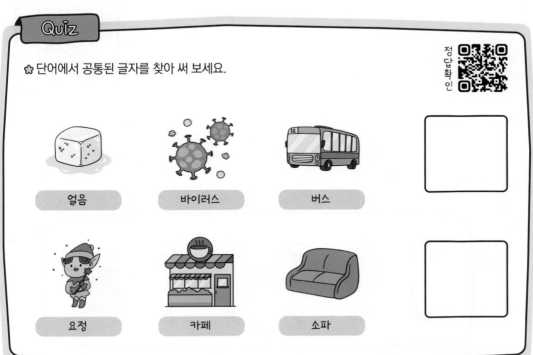

요정   카페   소파

가타카나 청음 タ행

タ チ ツ テ ト

夕행학습 영상

た	ち	つ	て	と	夕행 음원
タ	チ	ツ	テ	ト	

가타카나 청음 タ행

タ
타 [ta]

주의 · 한자 '저녁 석(夕)'과 매우 비슷하지만, 저녁과는 관련 없는 한자 '많을 다(多)'에서 따왔다.
· 3획까지 잘 찍어줘야 가타카나 ク[ku]와 구분된다.

쓰는 순서
①タ ②タ ③タ

글자쓰기
タ
タ

단어쓰기

택시

| タ | ク | シ | ー | [타쿠시-] |

| | ク | シ | ー | [takusi-] |

가타카나 청음 タ행

チ

치 [chi]

주의 · 한자 '일천 천(千)'에서 따온 글자로 생김새가 아주 유사하다.
· 2획을 1획보다 길게 그어주고, 3획은 왼쪽으로 둥글리며 내린다.

쓰는 순서

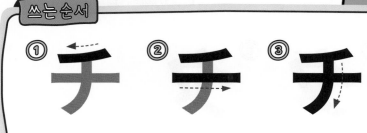

① チ ② チ ③ チ

글자쓰기

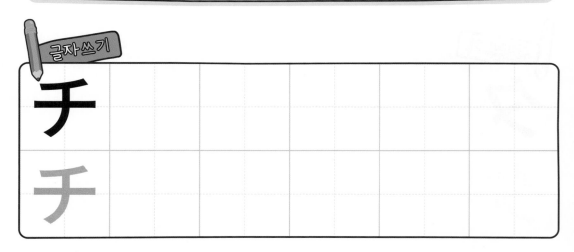

チ

チ

단어쓰기

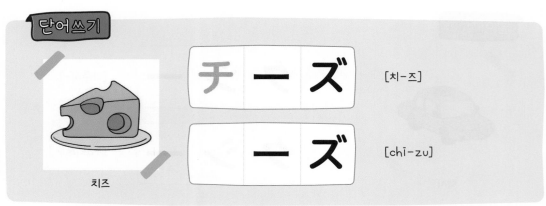

チーズ [치-즈]

ーズ [chi-zu]

치즈

가타카나 청음 夕행

ツ

츠 [tsu]

주의 · 앞서 학습한 가타카나 シ[si]와 매우 비슷한데, シ[si]는 1~2획 점이
세로로 배열되어 있어 세로로 긴 사각형을 떠올리면 좋고, ツ[tsu]는 1~2
획 점이 가로로 배열되어 있어 가로로 긴 사각형을 떠올리면 도움이 된다.

쓰는 순서

① ツ　② ツ　③ ツ

글자쓰기

ツ						
ツ						

단어쓰기

참치

ツ	ナ
	ナ

[츠나]

[tsuna]

가타카나 청음 夕행

テ
테 [te]

주의 · 일본의 우편 기호(〒)는 「ていしん[테-신]」의 첫 글자에 해당하는
가타카나 テ[te]에서 유래했다고 한다.

쓰는 순서

① テ ② テ ③ テ

글자쓰기

テ

テ

단어쓰기

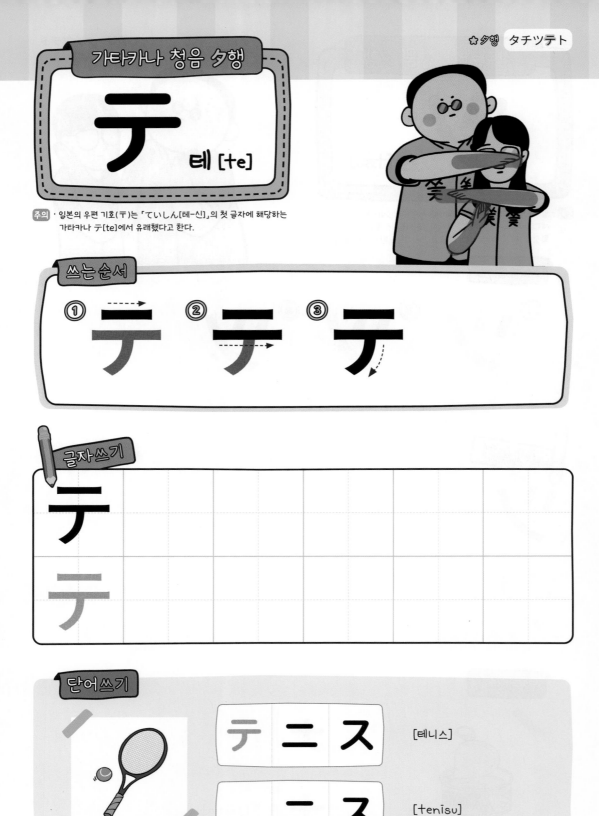

テ ニ ス [테니스]

◯ ニ ス [tenisu]

테니스

가타카나 청음 タ행

ト
토 [to]

주의 · 2획을 짧게 쓰되, 오른쪽 아래로 살짝 내리듯이 긋는다.

쓰는순서

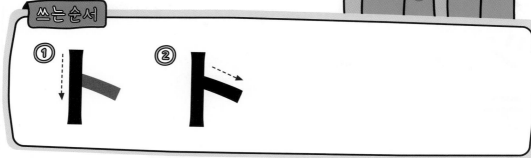

① ト　② ト

글자쓰기

ト
ト

단어쓰기

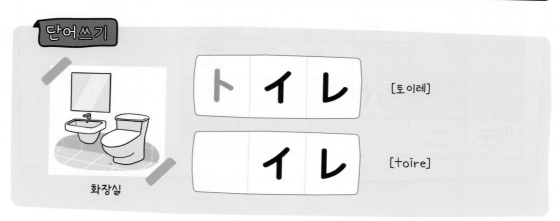

화장실

ト イ レ　　[토이레]

イ レ　　[toire]

タ행쓰기

タ	タ					
チ	チ					
ツ	ツ					
テ	テ					
ト	ト					

Quiz

☆ 십자말풀이의 빈칸을 채워 보세요.

정답확인

①ケ	ー	ⓐ			
		リ			
		ン		ⓑト	
			②ク		ズ
		ⓒバ		レ	
③テ	ニ				

① 케이크
② 퀴즈
③ 테니스

ⓐ 기린
ⓑ 화장실
ⓒ 버스

가타카나 청음 ナ행
ナニヌネノ

ナ행 학습 영상

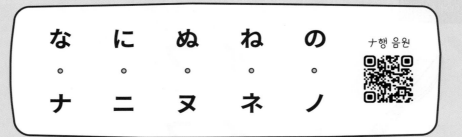

な	に	ぬ	ね	の	ナ행 음원
ナ	ニ	ヌ	ネ	ノ	

가타카나 청음 ナ행

ナ

나 [na]

주의 · 생김새는 한자 '열 십(十)'과 매우 비슷하지만 '어찌 내/나(奈)'라는
글자에서 따왔다.
· 2획을 왼쪽으로 둥글리며 내려준다.

쓰는 순서

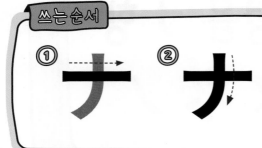

글자쓰기

ナ

ナ

단어쓰기

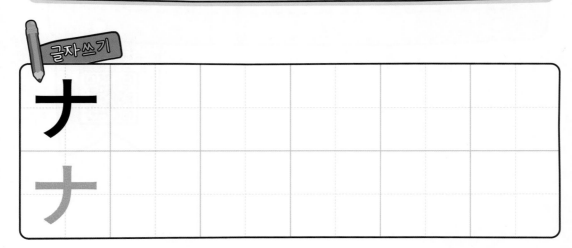

ナ イ フ　　[나이후]

イ フ　　[naīhu]

나이프(칼)

가타카나 청음 ナ행

二
二 니 [ni]

주의 · 1획보다 2획을 더 길게 그어준다.

쓰는순서

① ----→
② 二
----→

글자쓰기

단어쓰기

コ ン ビ ニ   [콤비니]

コ ン ビ   [kombini]

편의점

가타카나 청음 ナ행

ヌ
누 [nu]

주의 · 한글 'ㅈ', 가타카나 ス[su]와도 비슷하게 생겼으므로, 오른쪽 획을
그을 때 확실하게 x자로 넘어가게 그어야 한다.

쓰는 순서

① ヌ　② ヌ

글자쓰기

ヌ

ヌ

단어쓰기

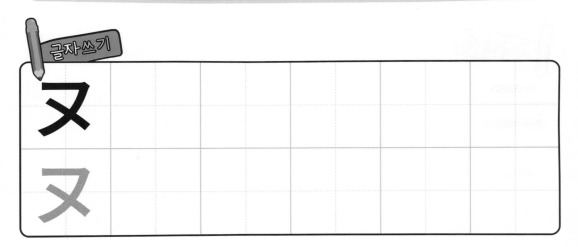

ヌ ー ト リ ア　[누-토리아]

ー ト リ ア　[nu-toria]

뉴트리아

가타카나 청음 ナ행

ネ
네 [ne]

주의 · 4획은 나머지 획과 붙여 쓰지 않고 살짝 떨어뜨려서 그어준다.

쓰는 순서

① ネ ② ネ ③ ネ ④ ネ

글자쓰기

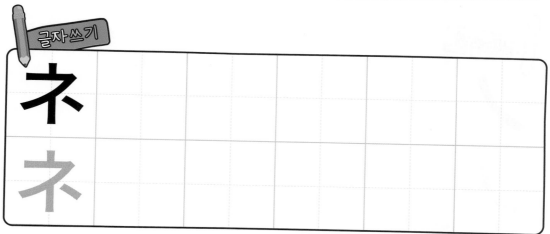

ネ

ネ

단어쓰기

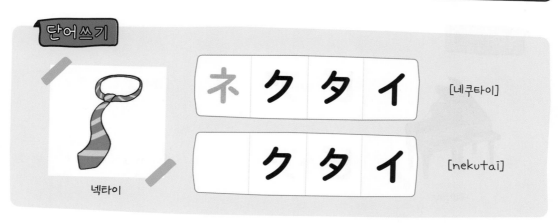

넥타이

| ネ | ク | タ | イ | [네쿠타이] |

| | ク | タ | イ | [nekutai] |

가타카나 청음 ナ행

ノ

노 [no]

주의 · 한자 '이에 내(乃)'에서 따온 글자로, 가타카나 중 가장 모양이 간단
하다.

쓰는 순서

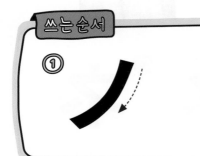
① ノ

글자쓰기

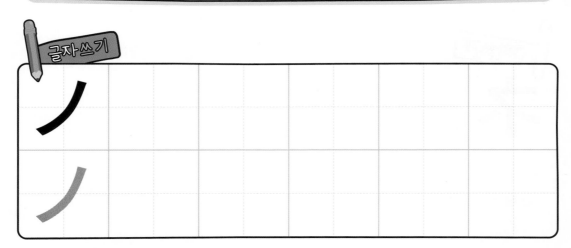

단어쓰기

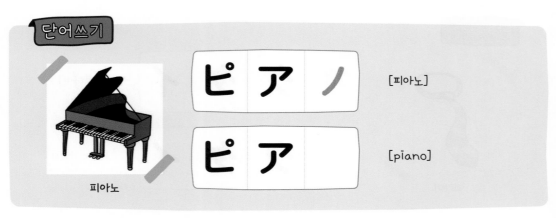

ピ ア ノ   [피아노]

ピ ア   [piano]

피아노

ナ행쓰기

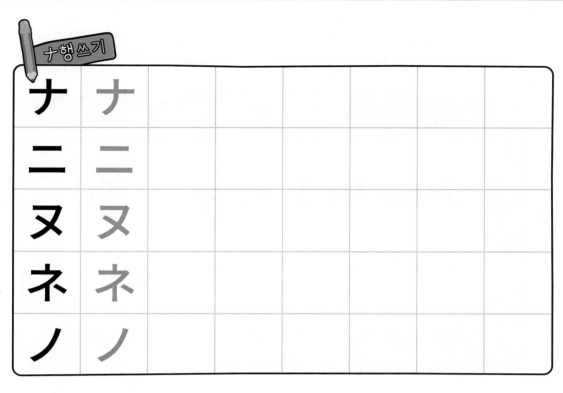

ナ	ナ					
ニ	ニ					
ヌ	ヌ					
ネ	ネ					
ノ	ノ					

Quiz

✿ 히라가나를 같은 발음의 가타카나로 바꿔 쓴 후, 단어의 뜻을 함께 써 보세요.

정답확인

| て | に | す | | ⋯ | | | | | 뜻: |

| な | い | フ | | ⋯ | | | フ | | 뜻: |

| ね | く | た | い | ⋯ | | | | | 뜻: |

가타카나 청음 ハ행

ハヒフヘホ

ハ행 학습 영상

は	ひ	ふ	へ	ほ	ハ행 음원
・	・	・	・	・	
ハ	ヒ	フ	ヘ	ホ	

가타카나 청음 ハ행

ハ
하 [ha]

주의 · 한자 '여덟 팔(八)'과 비슷하고, 한글 'ㅅ'과도 비슷하게 생겼다.

쓰는 순서

① ハ ② ハ

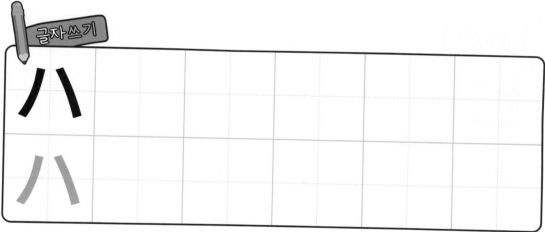

글자쓰기

ハ
ハ

단어쓰기

손수건

| ハ | ン | カ | チ | [항카치] |

| ン | カ | チ | [haŋkachī] |

가타카나 청음 ハ행

ヒ
히 [hī]

주의 · 한자 '견줄 비(比)'에서 따온 글자이다.
· 1획을 왼쪽에서부터 긋는가, 오른쪽에서부터 긋는가에 대한 의문이 있는데, 정해져 있지 않다. 다만 왼쪽에서 오른쪽으로 긋는 경우가 더 많다고 한다.

쓰는 순서

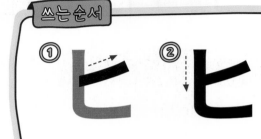

글자쓰기

ヒ

ヒ

단어쓰기

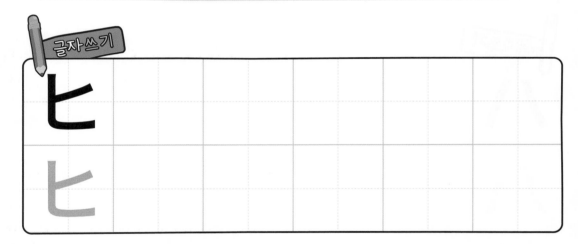

ヒ ー ロ ー　　[히-로-]

ー ロ ー　　[hī-ro-]

영웅

가타카나 청음 ハ행

フ

후 [hu]

주의 · 한자 '아닐 부(不)'에서 따온 글자이다.
· 비슷하게 생긴 글자가 많은데 한글 'ㄱ', 가타카나 ラ[ra], 가타카나 ワ[wa], 가타카나 マ[ma] 등과 닮았다.

쓰는 순서

① フ

글자쓰기

フ

フ

단어쓰기

포크

| フ | オ | ー | ク | [휘-ㅋ] |

| オ | ー | ク | [fo-ku] |

가타카나 청음 ハ행

ヘ 헤 [he]

> **주의** · 히라가나 へ[he]와 거의 똑같이 생겼다. 굳이 형태의 차이를 찾자면,
> 가타카나 쪽이 좀 더 각진 느낌으로 구부러진다.

쓰는 순서

① ヘ

글자쓰기

ヘ						
ヘ						

단어쓰기

ヘ	ア	(ー)	[헤아(-)]
	ア	(ー)	[hea(-)]

헤어(머리칼)

가타카나 청음 ハ행

ホ
호 [ho]

주의 · 한자 '지킬 보(保)'에서 따온 글자이다.
· 가타카나 オ[o]와 헷갈리지 않게 주의한다.
· 3획과 4획이 대칭되게 쓴다.

쓰는 순서

① ホ　② ホ　③ ホ　④ ホ

글자쓰기

ホ

ホ

단어쓰기

HOTEL

호텔

| ホ | テ | ル |
[호테루]

| | テ | ル |
[hoteru]

ハ행쓰기

ハ	ハ						
ヒ	ヒ						
フ	フ						
ヘ	ヘ						
ホ	ホ						

Quiz

✿ 틀린 글자를 찾아 올바른 글자로 고쳐 써 보세요.

정답확인

| ラ | ォ | ー | ク | ⋯ | | | | |

| ヘ | フ | ー | ⋯ | | | |

| オ | チ | ル | ⋯ | | | |

가타카나 청음 マ행

マミムメモ

マ행 학습 영상

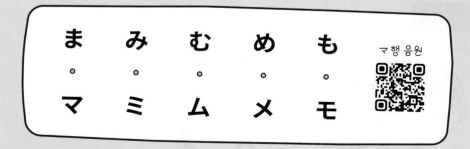

ま	み	む	め	も	マ행 음원
マ	ミ	ム	メ	モ	

가타카나 청음 マ행

マ
마 [ma]

주의 · 2획을 너무 길게 쓰면 가타카나 ア[a]로 보일 수 있으니 주의한다.

쓰는 순서

① マ　②マ

글자쓰기

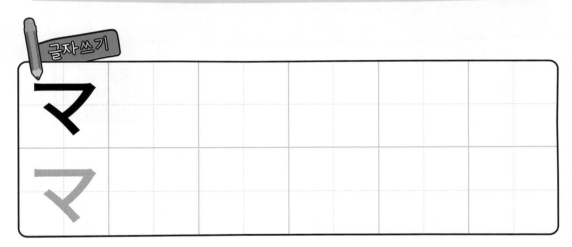

マ

マ

단어쓰기

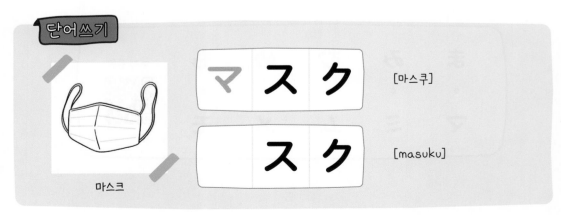

| マ | ス | ク | [마스쿠] |

| | ス | ク | [masuku] |

마스크

가타카나 청음 マ행

ミ

미 [mi]

주의 · 한자 '석 삼(三)'에서 따온 글자인데, 대각선으로 살짝 기울어져 있다는 것이 특징이다.

쓰는 순서

① ② ③

글자쓰기

단어쓰기

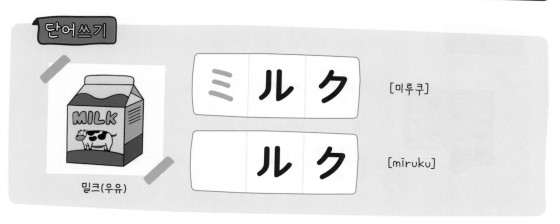

밀크(우유)

| ミ | ル | ク | [미루쿠] |
| ル | ク | | [mīruku] |

가타카나 청음 マ행

ム
무 [mu]

주의 · 글자가 전체적으로 삼각형 모양을 이룬다.
· 1획의 가로획은 오른쪽으로 살짝 기울여 올린다.

쓰는 순서

① ム ② ム

글자쓰기

ム
ム

단어쓰기

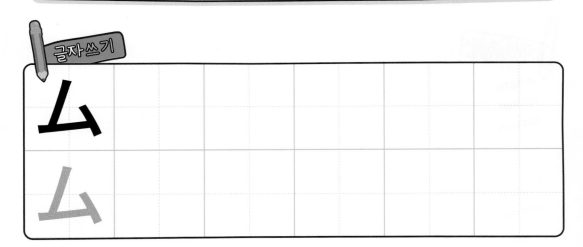

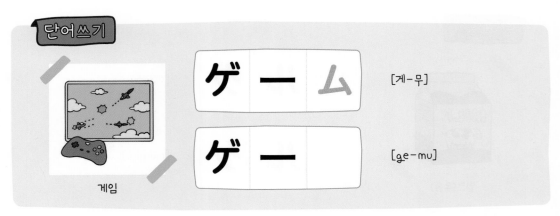

ゲーム   [게-무]

ゲー   [ge-mu]

게임

가타카나 청음 マ행

メ 메 [me]

주의 · 한자 '여자 녀(女)'에서 따온 글자이다.
· 2획은 1획의 중앙보다 살짝 위쪽 지점을 나눠주는 느낌으로 긋는다.

쓰는 순서

① メ ② メ

글자쓰기

メ

メ

단어쓰기

メ ロ ン [메론]

ロ ン [meroN]

멜론

가타카나 청음 マ행

モ
모 [mo]

주의 · 한자 '털 모(毛)'에서 따온 글자이다.
· 히라가나 も[mo]가 되지 않으려면, 3획이 위로 삐져나가지 않게 주의한다.

쓰는순서

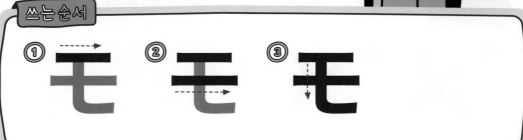

글자쓰기

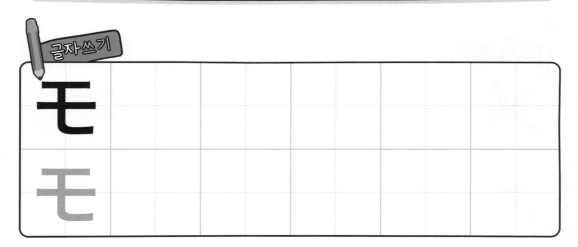

단어쓰기

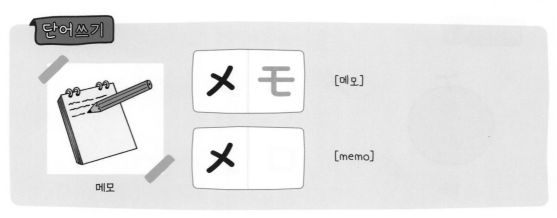

メモ [메모]

メ [memo]

메모

マ행쓰기

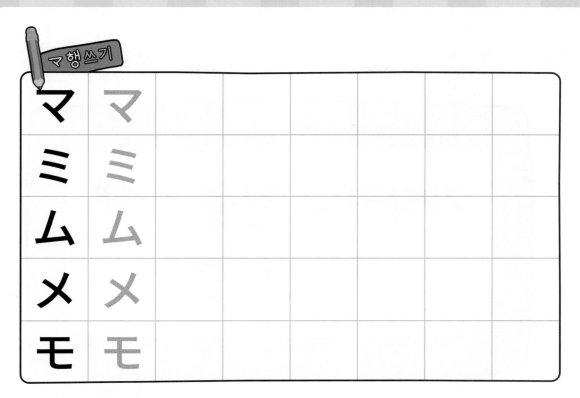

マ	マ					
ミ	ミ					
ム	ム					
メ	メ					
モ	モ					

Quiz

✿ 단어에서 공통된 글자를 찾아 써 보세요.

정답확인

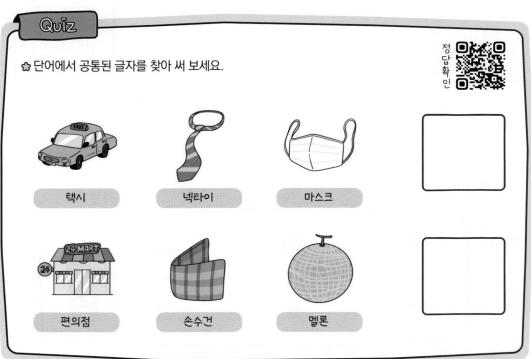

| 택시 | 넥타이 | 마스크 | |
| 편의점 | 손수건 | 멜론 | |

가타카나 청음 ヤ행

ヤ ユ ヨ

ヤ행 학습 영상

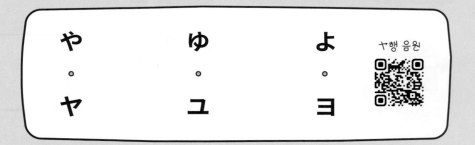

や	ゆ	よ	ヤ행 음원
ヤ	ユ	ヨ	

가타카나 청음 ヤ행

ヤ

야 [ya]

 주의 · 한자 '어조사 야(也)'에서 따온 글자이다.
· 1획은 오른쪽 위로, 2획은 오른쪽 아래로 기울여서 긋는다.

쓰는 순서

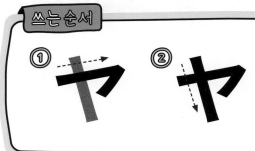

① ヤ ② ヤ

글자쓰기

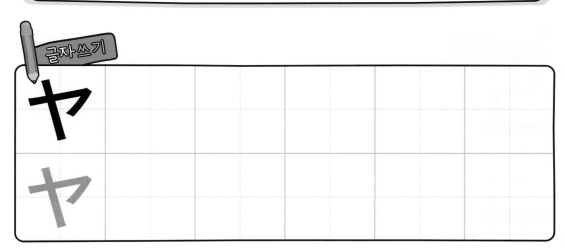

ヤ

ヤ

단어쓰기

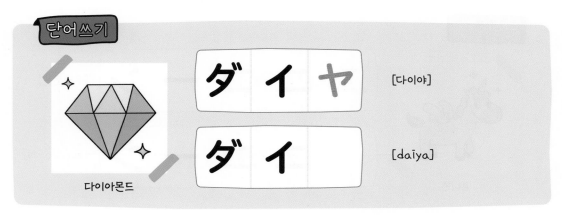

| ダ | イ | ヤ |

[다이야]

| ダ | イ |

[daiya]

다이아몬드

가타카나 청음 Y행

ユ
유 [yu]

주의 · 한글 '그'와 아주 비슷하게 생겼다.
· 가타카나 그[ko]와도 생김새가 비슷하므로, 2획을 충분히 길게 써서
구분해 준다.

쓰는 순서

① ユ ② ユ

글자쓰기

ユ							
ユ							

단어쓰기

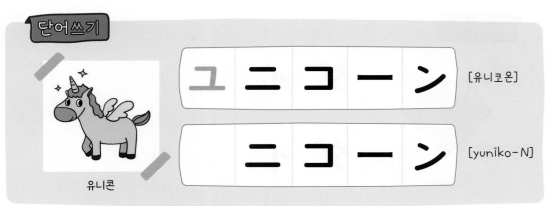

유니콘

ユ ニ コ ー ン　　[유니코온]

ニ コ ー ン　　[yuniko-N]

가타카나 청음 ヤ행

ヨ
요 [yo]

주의 · 한글 'ㅌ'/알파벳 'E'를 가로로 뒤집은 것처럼 생겼다.

쓰는순서

① ヨ → ② ヨ ヨ → ③ ヨ

글자쓰기

ヨ						
ヨ						

단어쓰기

요가

ヨ	(ー)	ガ	[요(-)가]
	(ー)	ガ	[yo(-)ga]

ヤ행쓰기

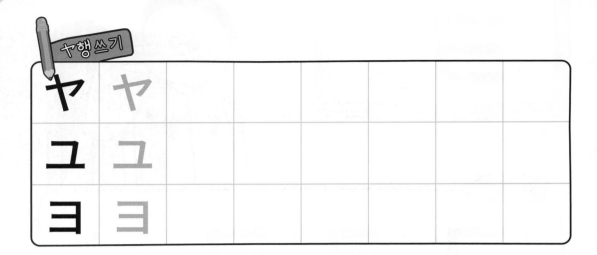

ヤ	ヤ					
ユ	ユ					
ヨ	ヨ					

Quiz

✿ 십자말풀이의 빈칸을 채워 보세요.

 정답확인

					ⓑミ
	ⓐダ		②ホ	テ	
①ナ		フ			ク
	ヤ				
				④ⓓ	モ
	ⓒオ			ロ	
③ユ		コ	ー		
	オ				
	ン				

① 나이프
② 호텔
③ 유니콘
④ 메모

ⓐ 다이아몬드
ⓑ 우유
ⓒ 양파
ⓓ 멜론

가타카나 청음 ラ행
ラリルレロ

ラ행 학습 영상

ら	り	る	れ	ろ
ラ	リ	ル	レ	ロ

ラ행 음원

가타카나 청음 ラ행

ラ

라 [ra]

주의 · 히라가나 う[u]와 비슷하게 생겼으므로 주의한다.

쓰는 순서

① ラ ② ラ

글자쓰기

ラ						
ラ						

단어쓰기

라멘

ラ	ー	メ	ン	[라-멘]
	ー	メ	ン	[ra-meN]

가타카나 청음 ラ행

リ
리 [rī]

주의 · 히라가나 り[ri]와 아주 비슷하게 생겼다. 글자체에 따라 다르지만, 히라가나 'り(り)'는 좌우 획이 이어진 모양새도 있는데, 가타카나 'リ'는 분리되어 있다.

쓰는 순서

글자쓰기

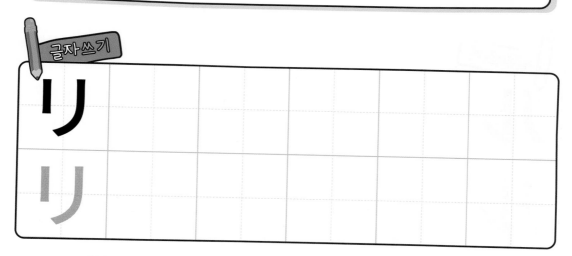

단어쓰기

| リ | ボ | ン | [리본] |

| | ボ | ン | [riboN] |

리본

가타카나 청음 ラ행

ル

루 [ru]

주의 · 한자 '흐를 류(流)'에서 따온 글자이다.
· 2획이 1획보다 살짝 높은 위치에서 시작된다.

쓰는 순서

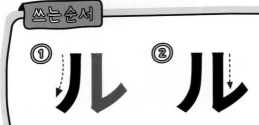

① ル ② ル

글자쓰기

ル					
ル					

단어쓰기

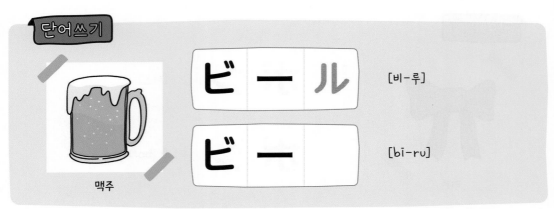

맥주

ビ	ー	ル

[비-루]

ビ	ー

[bī-ru]

가타카나 청음 ラ행

レ

레 [re]

> **주의** · 한글 'ㄴ'과도 비슷하고, ル[ru]에서 1획이 생략된 것처럼 생겼다.
> · 히라가나 れ[re]의 끝부분이 오른쪽 밖으로 삐져나가는 모양을 떠올리며 연상하면 좋다.

쓰는 순서

① レ

글자쓰기

レ
レ

단어쓰기

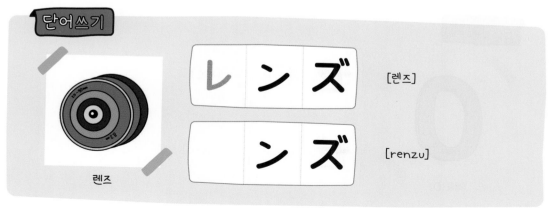

| レ | ン | ズ | [렌즈] |

| | ン | ズ | [renzu] |

렌즈

가타카나 청음 ラ행

口

로 [ro]

주의 · 생김새는 한글 'ㅁ', 한자 '입 구(口)'와 비슷한데, 한자 '등뼈 려(呂)'
에서 따온 글자이다.

쓰는 순서

① ② ③

글자쓰기

단어쓰기

0
ZERO

제로(0)

ゼ口 [제로]

ゼ [zero]

가타카나 청음 ㄹ행

ㄹ행쓰기

ラ	ラ					
リ	リ					
ル	ル					
レ	レ					
ロ	ロ					

Quiz

정답확인

✿ 히라가나를 같은 발음의 가타카나로 바꿔 쓴 후, 단어의 뜻을 함께 써 보세요.

ピ	あ	の	…	ピ			뜻:
ら	ー	め	ン	…		ー	ン	뜻:
ビ	ー	る	…	ビ	ー		뜻:

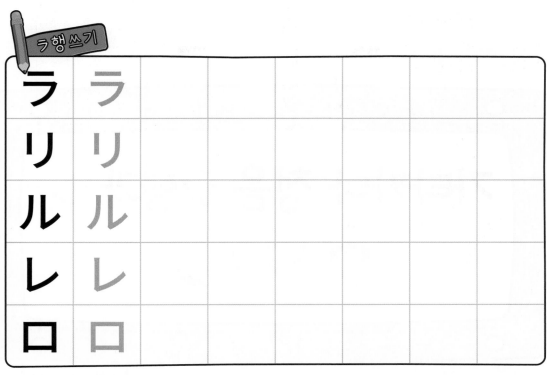

가타카나 청음 ワ행과 ン
ワヲ/ン

ワ행/ン 학습 영상

わ	を	ん
。	。	。
ワ	ヲ	ン

ワ행/ン 음원

가타카나 청음 ワ행

ワ

와 [wa]

주의 · 가타카나 ク[ku]와 헷갈리지 않도록, 1획을 올곧게 내리고 가로획은
더 넓게 그어준다.

쓰는 순서

① ワ ② ワ

글자쓰기

ワ					
ワ					

단어쓰기

ワ	イ	ン

[와 인]

	イ	ン

[waîN]

와인

가타카나 청음 ワ행

ヲ
오 [o]

☆ワ행 ワ ヲ

주의 · 한글 'ㅋ'과 비슷하게 생겼다.
· 일본에서도 2획에 쓰는 사람이 많다고 하는데, 원칙은 2획이 아니라 3획으로 쓰는 것이다.

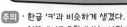

쓰는 순서

① ヲ ② ヲ ③ ヲ

글자쓰기

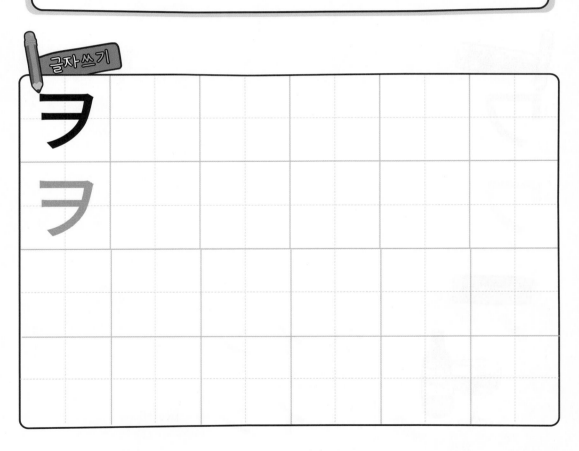

ヲ

ヲ

가타카나 청음 ン

ン
응 [N]

주의 · 앞서 학습한 가타카나 ソ[so]와 매우 비슷한데, ソ[so]는 위에서 아래로 좁아지는 사다리꼴을 떠올리면 좋고, ン[N]은 왼쪽에서 오른쪽으로 좁아지는 사다리꼴을 떠올리면 도움이 된다.

쓰는 순서

① ン　② ン

글자쓰기

ン

ン

단어쓰기

パ	ン

[팡]

パ	

[paN]

빵

ワ행/ン 쓰기

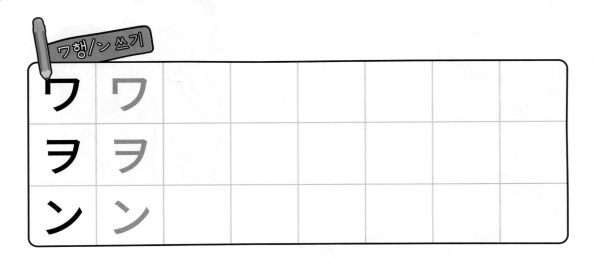

Quiz

✿ 단어에서 공통된 글자를 찾아 써 보세요.

정답확인

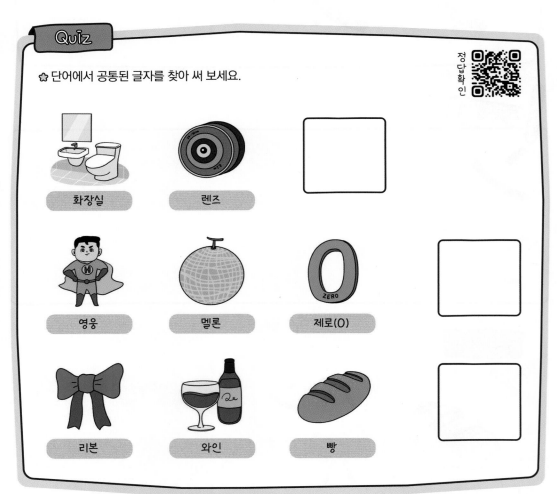

화장실　　렌즈

영웅　　멜론　　제로(0)

리본　　와인　　빵

| あ | あ | | | |
| ア | ア | | | |

| い | い | | | |
| イ | イ | | | |

| う | う | | | |
| ウ | ウ | | | |

| え | え | | | |
| エ | エ | | | |

| お | お | | | |
| オ | オ | | | |

| か | か | | | |
| カ | カ | | | |

| き | き | | | |
| キ | キ | | | |

| く | く | | | |
| ク | ク | | | |

| け | け | | | |
| ケ | ケ | | | |

| こ | こ | | | |
| コ | コ | | | |

| さ | さ | | | |
| サ | サ | | | |

| し | し | | | |
| シ | シ | | | |

す　す
ス　ス

せ　せ
セ　セ

そ　そ
ソ　ソ

た　た
タ　タ

ち　ち
チ　チ

つ　つ
ツ　ツ

て　て
テ　テ

と　と
ト　ト

な　な
ナ　ナ

に　に
ニ　ニ

ぬ　ぬ
ヌ　ヌ

ね　ね
ネ　ネ

| の | の | | |
| ノ | ノ | | |

| は | は | | |
| ハ | ハ | | |

| ひ | ひ | | |
| ヒ | ヒ | | |

| ふ | ふ | | |
| フ | フ | | |

| へ | へ | | |
| へ | へ | | |

| ほ | ほ | | |
| ホ | ホ | | |

| ま | ま | | |
| マ | マ | | |

| み | み | | |
| ミ | ミ | | |

| む | む | | |
| ム | ム | | |

| め | め | | |
| メ | メ | | |

| も | も | | |
| モ | モ | | |

| や | や | | |
| ヤ | ヤ | | |

| ゆ | ゆ | | | |
| ユ | ユ | | | |

| よ | よ | | | |
| ヨ | ヨ | | | |

| ら | ら | | | |
| ラ | ラ | | | |

| り | り | | | |
| リ | リ | | | |

| る | る | | | |
| ル | ル | | | |

| れ | れ | | | |
| レ | レ | | | |

| ろ | ろ | | | |
| ロ | ロ | | | |

| わ | わ | | | |
| ワ | ワ | | | |

| を | を | | | |
| ヲ | ヲ | | | |

| ん | ん | | | |
| ン | ン | | | |

가타카나 탁음·반탁음

탁음·반탁음 음원

탁음·반탁음 학습 영상

글자쓰기

ガ
ガ

ギ
ギ

グ
グ

ゲ
ゲ

ゴ
ゴ

글자쓰기

ザ
ザ

ジ
ジ

ズ
ズ

ゼ
ゼ

ゾ
ゾ

글자쓰기

ダ
ダ

ヂ
ヂ

ヅ
ヅ

デ
デ

ド
ド

글자쓰기

バ
バ

ビ
ビ

ブ
ブ

ベ
ベ

ボ
ボ

글자쓰기

パ
パ

ピ
ピ

プ
プ

ペ
ペ

ポ
ポ

가타카나 요음

요음 음원

글자쓰기

キャ	キュ	キョ			
キャ	キュ	キョ			

シャ	シュ	ショ			
シャ	シュ	ショ			

チャ	チュ	チョ			
チャ	チュ	チョ			

글자쓰기

ニャ	ニュ	ニョ			
ニャ	ニュ	ニョ			

ヒャ	ヒュ	ヒョ			
ヒャ	ヒュ	ヒョ			

ミャ	ミュ	ミョ			
ミャ	ミュ	ミョ			

リャ	リュ	リョ			
リャ	リュ	リョ			

글자쓰기

ギャ	ギュ	ギョ			
ギャ	ギュ	ギョ			

ジャ	ジュ	ジョ			
ジャ	ジュ	ジョ			

ビャ	ビュ	ビョ			
ビャ	ビュ	ビョ			

ピャ	ピュ	ピョ			
ピャ	ピュ	ピョ			

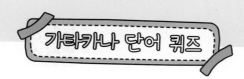

음원듣기   정답확인

✿ 아래 박스를 참고하여 단어의 빈칸에 들어갈 글자를 채워쓰고, 완성된 단어와 뜻을 연결해 보세요.

フ	ラ	ス	ル	イ	シ	ン	カ	キ	メ

① ウ ☐ ル ス   ∘   ∘ 택시

② ☐ フ ェ   ∘   ∘ 샐러드

③ ケ ー ☐   ∘   ∘ 바이러스

④ サ ☐ ダ   ∘   ∘ 화장실

⑤ タ ク ☐ ー   ∘   ∘ 카페

⑥ ト ☐ レ   ∘   ∘ 편의점

⑦ コ ☐ ビ ニ   ∘   ∘ 빵

⑧ ホ テ ☐   ∘   ∘ 호텔

⑨ マ ☐ ク   ∘   ∘ 마스크

⑩ ビ ー ☐   ∘   ∘ 케이크

⑪ パ ☐   ∘   ∘ 맥주

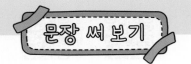

① 커피로 할게요.

コ	ー	ヒ	ー	に	し	ま	す	。
こ	ー	ヒ	ー	に	し	ま	す	。

② 메리 크리스마스!

メ	リ	ー	ク	リ	ス	マ	ス	！
メ	リ	ー	ク	リ	ス	マ	ス	！

③ 화장실은 어디예요?

ト	イ	レ	は	ど	こ	で	す	か	。
ト	イ	レ	は	ど	こ	で	す	か	。